Zbudź się, Israelu

*„Słońce zmieni się w ciemność,
a księżyc w krew,
gdy przyjdzie dzień Pański,
dzień wielki i straszny.
Każdy jednak,
który wezwie imienia Pańskiego,
będzie zbawiony,
bo na górze Syjon [i w Jeruzalem]
będzie wybawienie, jak przepowiedział Pan,
i wśród ocalałych będą ci,
których wezwał Pan."*

(Ks. Joela 2,31-32)

Zbudź się, Israelu

Dr Jaerock Lee

Zbudź się, Izraelu autorstwa doktora Jaerocka Lee
Opublikowano przez Urim Books (Reprezentant: Seongnam Vin)
361-66, Shindaebang-Dong, Dongjak-Gu, Seoul, Korea
www.urimbooks.com

Wszelkie prawa zastrzeżone. Żadna część niniejszej publikacji nie może być reprodukowana, przechowywana jako źródło danych i przekazywana w jakiejkolwiek formie zapisu bez pisemnej zgody wydawcy.

O ile nie zaznaczono inaczej, wszelkie cytaty pochodzą z Biblii Tysiąclecia ® 1960, 1962, 1963, 1968, 1971, 1972, 1973, 1975, 1977, 1995. Wykorzystane za zgodą.

Prawa autorskie © 2020 dr Jaerock Lee
ISBN: 979-11-263-0608-4 03230
Prawa autorskie tłumacza © 2012 Mariola Waliczek. Wykorzystane za zgodą.

Uprzednio opublikowane w języku koreańskim przez wydawnictwo Urim Books w 2007

Wydanie pierwsze Luty 2020

Edycja, dr Geumsun Vin
Projekt, Editorial Bureau, Urim Books
Wydrukowano przez Yewon Printing Company
Więcej informacji można uzyskać pod adresem mailowym, urimbook@hotmail.com

Wstęp

Na początku XX wieku w Palestynie miała miejsce niezwykła seria wydarzeń. W tamtym czasie nikt nie chciał tam mieszkać. Żydzi, którzy rozpierzchli się po całej Europie wschodniej, Rosji oraz reszcie globu zaczęli zbierać się w regionach ziemi wypełnionej ostem, biedą, głodem, chorobami i udrękami. Pomimo wysokiego wskaźnika śmiertelności w wyniku malarii oraz głodu, Żydzi nie stracili wiary ani ambicji, lecz zdecydowali się zbudować kibbutz (miejsce pracy w Izraelu, na przykład farma lub fabryka, gdzie pracownicy żyją i dzielą się obowiązkami oraz przychodami). Theodor Herzl, założyciel współczesnego syjonizmu, stwierdził, „Jeśli czegoś pragniesz, nie jest to snem". Odnowienie Izraela stało się rzeczywistością.

Szczerze mówiąc, odnowienie Izraela było uważane za niemożliwe i nikt w to nie wierzył. Jednak Żydzi spełnili swoje marzenie i wraz z powstaniem stanu Izrael, cudownie odzyskali narów po raz pierwszy od 1900 lat.

Lud izraelski pomimo długiego okresu prześladowań i udręki trwał w wierze, zachował swoją kulturę i język, stale dokonując zmian na lepsze. Po utworzeniu współczesnego Izraela, pielęgnowali swoją ziemię i kładli nacisk na rozwój przemysłu, który pozwoliłby ich krajowi na dołączenie do innych rozwiniętych krajów. Żydzi są ludźmi, którzy przetrwali próby i zagrożenia.

Po założeniu kościoła Manmin Central w 1982 roku Bóg odkrył przede mną inspirację Ducha Świętego w sprawie Izraela, ponieważ niepodległość Izraela jest znakiem dni ostatecznych oraz spełnieniem proroctwa biblijnego.

„Słuchajcie, narody, słowa Pańskiego, głoście na dalekich wyspach, mówiąc, Ten, co rozproszył Izraela, zgromadzi go i będzie czuwał nad nim jak pasterz nad swą trzodą" (Jeremiasz 31,10).

Bóg wybrał naród izraelski, aby był świadkiem Jego opatrzności, dzięki której stworzył oraz pielęgnował człowieka na ziemi. Po pierwsze, Bóg uczynił Abrahama ojcem wiary i ustanowił Jakuba, syna Abrahama, założycielem Izraela. Bóg przekazywał swoją wolę Jakubowi i jego potomstwu, realizując swoją opatrzność dla rodzaju ludzkiego.

Kiedy Izrael wierzył słowu Boga i chodził zgodnie z Jego wolą w posłuszeństwie, cieszył się chwała i honorem wśród narodów. Kiedy odchodził od Boga i był nieposłuszny, przeżywał udrękę, najazdy innych krajów oraz niewolę.

Nawet kiedy Izrael doświadczał trudności ze względu na ich grzechy, Bóg nigdy ich nie porzucił ani nie zapomniał o nich. Izrael był połączony z Bogiem poprzez przymierze Boga z Abrahamem, które nigdy nie straciło swojej ważności w ich oczach.

Dzięki Bożej opiece oraz prowadzeniu, Izraelici zawsze byli ochraniani, utrzymywali swoją niepodległość i stali się ponownie narodem nad narodami. W jaki sposób naród izraelski zostanie ochroniony oraz dlaczego zostanie odnowiony?

Wielu ludzi mówi, „Przetrwanie narodu izraelskiego jest cudem". Ponieważ rodzaje oraz ogrom prześladowań oraz udręki Żydów w czasie Diaspory przechodzi wszelkie pojęcie i wyobrażenie, historia Izraela świadczy o prawdziwości Biblii.

A jednak jeszcze większy stopień cierpienia i udręki czeka ludzi wiernych Bogu przed drugim przyjściem Jezusa. Oczywiście, ludzie, którzy przyjęli Jezusa jako swojego Zbawiciela zostaną porwani w górę i wezmą udział w przyjęciu weselnym Baranka. Ci, którzy nie przyjęli Jezusa jako Zbawiciela nie zostaną porwani w górę w chwili Jego przyjścia i będą cierpieć wielkie prześladowania przez siedem lat.

„Bo oto nadchodzi dzień palący jak piec, a wszyscy pyszni i wszyscy wyrządzający krzywdę będą słomą, więc spali ich ten nadchodzący dzień, mówi Pan Zastępów, tak że nie pozostawi po nich ani korzenia, ani gałązki" (Mal. 3,19).

Bóg odkrył przede mną szczegóły okrucieństwa i katastrofy jakie będą miały miejsce w czasie siedmiu lat wielkich prześladowań. Z tego powodu, moim pragnieniem jest, aby

Boży wybrany lud izraelski przyjął bez opóźniania Jezusa, który chodził po tej ziemi około dwa tysiące lat temu, jako swojego Zbawiciela, aby nikt nie został na ziemi i cierpiał w wielkich prześladowaniach.

Dzięki łasce Bożej napisałem i poświęcam niniejszą pracę, która zawiera odpowiedzi dotyczące Żydów przez tysiąclecia oczekujących Mesjasza oraz innych pytań, które stale się pojawiają.

Mam nadzieję, że każdy czytelnik niniejszej książki weźmie sobie do serca Boże przesłanie miłości i spotka się z Mesjaszem, którego Bóg posłał dla rodzaju ludzkiego.

Kocham każdego z was całym sercem.

Listopad 2007
Z domu modlitwy „Getsemane"

Jaerock Lee

Przedmowa

Dziękuję Bogu oraz oddaję Mu chwałę za prowadzenie i błogosławieństwa, dzięki którym mogę opublikować książkę „*Zbudź się, Izraelu*". Niniejsza praca opublikowana jest zgodnie z wolą Boga, który pragnie obudzić i zbawić naród izraelski. Bóg w swojej miłości pragnie ocalić każdego człowieka.

Rozdział 1, „Izrael, naród wybrany przez Boga" opisuje powodu, dla których Bóg stworzył ziemię oraz dbał o rodzaj ludzki na ziemi, oraz dla których wybrał i prowadził naród izraelski jako swój naród wybrany w historii rodzaju ludzkiego. Niniejszy rozdział przedstawia wielkich praojców Izraela oraz naszego Pana, który przyszedł na tę ziemię zgodnie z proroctwem, przepowiadającym przyjście Zbawiciela wszystkich ludzi. Zbawiciel miał pochodzić z domu Dawida.

Przyglądając się proroctwom biblijnym dotyczącym Mesjasza, w rozdziale 2 pt. „Mesjasz wysłany przez Boga" czytamy o Jezusie jako Mesjaszu, na którego nadal oczekuje naród izraelski oraz o tym, jak zgodnie z prawem dotyczącym wykupienia ziemi, spełnia on wszelkie wymagania dotyczące Zbawiciela rodzaju ludzkiego. Co więcej, drugi rozdział ukazuje proroctwa Starego Testamentu dotyczące Mesjasza oraz związek między historią Izraela i śmiercią Jezusa.

Trzeci rozdział „Bóg, w którego wierzy Izrael" skupia się na ludziach, przestrzegających prawo oraz tradycje i wyjaśnia, co sprawia przyjemność Bogu. Ponadto, przypomina, w jaki sposób naród izraelski oddalił się od Boga z powodu tradycji starszych. Rozdział napomina ich, aby zgłębili prawdziwą wolę Bożą i wypełniali prawo miłości.

W ostatnim rozdziale pt. „Patrz i słuchaj!" opisane są nasze czasy, o których Biblia pisze jako o „końcu czasów" oraz pojawienie się antychrysta i przegląd siedmioletnich prześladowań. Co więcej, ukazuje dwie tajemnice Boga, Jego miłości do wybranego narodu, który może zyskać zbawienie w czasach ostatecznych. Ostatni rozdział napomina lud izraelski, aby nie odrzucił ostatnie możliwości zbawienia.

Kiedy pierwszy człowiek Adam popełnił grzech nieposłuszeństwa i został wygnany z Ogrodu Eden, Bóg posłał go do ziemi Izraela. W czasie historii rodzaju ludzkiego, Bóg czekał tysiące lat i nadal czeka w nadziei, że Jego dzieci wrócą do Niego. Nie ma już czasu do stracenia. Pragnę, aby każdy z was uświadomił sobie, że nasze czasy są czasami ostatecznymi, więc musimy przygotować się na przyjęcia Pana, który powraca jako Król królów i Pan panów.

Listopad 2007
Geum-sun Vin,
Redaktor Naczelny

Spis treści

Wstęp
Przedmowa

Rozdział 1
Izrael, naród wybrany przez Boga

Początki życia ludzkiego na Ziemi _ 3
Wielcy przodkowie _ 18
Ludzie, którzy składają świadectwo Jezusowi _ 36

Rozdział 2
Mesjasz wysłany przez Boga

Bóg obiecuje Mesjasza _ 55
Kompetencje Mesjasza _ 61
Jezus wypełnieniem proroctw _ 74
Śmierć Jezusa oraz proroctwa dotyczące Izraela _ 82

Rozdział 3
Bóg, w którego wierzy Izrael

Prawo i tradycje _ 91
Prawdziwy cel, dla którego Bóg dał człowiekowi prawo _ 101

Rozdział 4
Patrz i słuchaj!

Zmierzając w kierunku końca świata _ 121
Dziesięć Zasad _ 137
Niekończąca się miłość Boża _ 148

"Gwiazda Dawida", symbol społeczności żydowskiej na fladze Izraela.

Rozdział 1

Izrael, naród wybrany przez Boga

Początki życia ludzkiego na Ziemi

Mojżesz, wielki przywódca narodu izraelskiego uwolnił lud z niewoli egipskiej i poprowadził ich do Ziemi Obiecanej, był prorokiem Bożym i księgę Rodzaju rozpoczął słowami,

Na początku stworzył Bóg niebo i ziemię. (1:1).

Bóg stworzył niebo i ziemię, i wszystko w sześciu dniach, a następnie odpoczął w błogosławionym i świętym dniu siódmym. Dlaczego Bóg stworzył wszechświat i wszystko inne? Dlaczego stworzył człowieka i pozwolił tak wielu ludziom żyć na ziemi po Adamie?

Bóg poszukiwał ludzi, z którymi mógłby na wieki dzielić się swoją miłością

Przed stworzeniem nieba i ziemi wszechmocny Bóg istniał w nieskończonym wszechświecie jako światłość, w której osadzony był dźwięk. Po długim okresie samotności Bóg zapragnął kogoś, z kim na wieki mógłby dzielić swoją miłość.

Bóg nie tylko posiada boską naturę, która określa Go jako Stworzyciela, ale również ludzką naturę, dzięki której odczuwa radość, gniew, smutek i przyjemność, więc pragnie dawać i otrzymywać miłość od innych. W Biblii znajduje się wiele odniesień do tego, że Bóg posiada ludzką naturę. Był uradowany dobrymi uczynkami Izraelitów (Ks. Kapł. 10,5; Przysł. 16,7), jednak smucił się i gniewał, gdy grzeszyli (Ks. Wyjścia 32,10; Ks. Liczb 11,1; 32,13).

Są chwile, kiedy każdy z nas pragnie być sam, jednak stajemy się jeszcze bardziej uradowani i radośni, kiedy mamy przyjaciela, z którym możemy dzielić się, tym co przeżywamy. Ponieważ Bóg posiada również ludzką naturę, pragnie mieć przy sobie ludzi, których może kochać i którzy będą kochać Jego.

„Czyż nie byłoby wspaniałe i poruszające mieć dzieci, które zrozumieją moje zamysły, których będę mógł głęboko ukochać i od nich otrzymać taką samą miłość?".

Dlatego Bóg zapragnął zyskać prawdziwe dzieci, które byłyby do Niego podobne. Pod koniec Bóg stworzył nie tylko rzeczywistość duchową, ale również fizyczną, w której mieszkają ludzie.

Niektórzy być może zastanawiają się, „W niebie wielu jest aniołów i cherubinów posłusznych Bogu. Dlaczego Bóg zadał sobie w ogóle trud stworzenia człowieka?" Oprócz kilku aniołów, większość istot niebiańskich nie posiada ludzkiej natury, która jest jednym z najważniejszych elementów koniecznych, aby dawać i przyjmować miłość, wolna wola, dzięki której sami dokonują wyborów. Niniejsze istoty są niczym roboty, są posłuszne poleceniom, jednak nie odczuwają radości, gniewu, smutku lub przyjemności; nie są w stanie dawać ani przyjmować miłości w głębi serca.

Wyobraź sobie dwoje dzieci; jedno z nich jest posłuszne i dobrze wykonuje wszystkie polecenia, natomiast nie okazuje emocji, nie wyraża swojego zdania ani nie okazuje miłości. Drugie dziecko, mimo że rozczarowuje rodziców od czasu do czasu, zawsze żałuje swoich błędów, okazuje rodzicom miłość i uczucia na różne sposoby.

Z tych dwojga dzieci, które być wolał? Prawdopodobnie wybierzesz to drugie. Nawet jeśli miałbyś robota, który wykonuje za ciebie wszystkie obowiązki, żadne z was nie wybrałoby robota zamiast swoich dzieci. Tym samym, Bóg woli człowieka, który chętnie jest Mu posłuszny, ma rozum i emocje w przeciwieństwie do wielu istot niebiańskich.

Bóg pragnie mieć prawdziwie swoje dzieci

Po stworzeniu pierwszego człowieka Adama, Bóg stworzył również Ogród Eden i pozwolił człowiekowi nim rządzić. W Edenie wszystkiego było pod dostatkiem, a Adam rządził wszystkim posiadając wolną wolę oraz władzę, które Bóg mu dał. Jednakże, była jednak rzecz, której Bóg zabronił Adamowi.

Z wszelkiego drzewa tego ogrodu możesz spożywać według upodobania; ale z drzewa poznania dobra i zła nie wolno ci jeść, bo gdy z niego spożyjesz, niechybnie umrzesz (Rodz. 2,16-17).

Był to system, który Bóg ustalił między Bogiem Stworzycielem a stworzonym rodzajem ludzkim. Bóg pragnął, aby Ada, był Mu posłuszny, jednak dobrowolnie i z głębi serca. Po jakimś czasie, Adam zapomniał o słowie Boga i popełnił grzech nieposłuszeństwa, zjadając z drzewa poznania dobra i zła.

W Księdze Rodzaju w rozdziale 3 w scenie, w której wąż pod wpływem szatana zapytał Ewę, *„Czy rzeczywiście Bóg powiedział, Nie jedzcie owoców ze wszystkich drzew tego ogrodu?"* (w. 1) Ewa odpowiedziała, *„Owoce z drzew tego ogrodu jeść możemy, tylko o owocach z drzewa, które jest w środku ogrodu, Bóg powiedział, Nie wolno wam jeść z niego, a nawet go dotykać, abyście nie pomarli"* (w. 2).

Bóg jasno powiedział Ewie, „W dniu, w którym spożyjesz z tego drzewa, na pewno umrzesz", jednak Ewa zmieniła Boży rozkaz i powiedziała, „Umrzesz".

Kiedy wąż uświadomił sobie, że Ewa nie wzięła sobie Bożego polecenia do serca, stał się bardziej agresywny w swoich pokusach. *„Z pewnością nie umrzecie. Ale wie Bóg, że gdy spożyjecie owoc z tego drzewa, otworzą się wam oczy i tak jak Bóg będziecie znali dobro i zło"* (w. 5).

Kiedy szatan tchnął chciwość w umysł kobiety, drzewo poznania dobra i zła zaczęło inaczej wyglądać w jej oczach.

Wydawało się dobre do jedzenia i przyjemne dla oczu; drzewo było czymś, czego pragnęła, ponieważ uczyniłoby ją mądrą. Ewa zjadła owoc i dała swojemu mężowi, który również jadł. W taki sposób Adam i Ewa popełnili grzech nieposłuszeństwa słowu Boga i z pewnością poznali śmierć (Ks. Rodz. 2,17). Śmierć nie odnosi się tutaj do śmierci cielesnej, w której człowiek przestaje oddychać, lecz do śmierci duchowej. Po zjedzeniu owocu z drzewa poznania dobra i zła Adam miał dzieci i zmarł w wieku 930 lat (Ks. Rodz. 5,2-5). Dzięki temu wiemy, że nie chodziło tutaj o śmierć fizyczną. Człowiek został stworzony jako duch, dusza i ciało. Posiada ducha, dzięki któremu komunikuje się z Bogiem; duszę, która kontrolowana jest przez ducha oraz ciało, które służy jako tarcza ochronna ducha i duszy. Z powodu złamania Bożego przykazani oraz popełnienia grzechu, duch umiera i jego komunikacja z Bogiem zostaje przerwana. To jest właśnie śmierć, o której Bóg mówi w Ks. Rodzaju 2,17.

Po popełnieniu grzechu Adam i Ewa zostali wygnani z Ogrodu Eden. I tak zaczęło się cierpienie rodzaju ludzkiego. Ból podczas rodzenia został zwiększony dla kobiet, która miała pożądać mężczyzny i być mu poddaną, podczas gdy mężczyzna miał spożywać Płony przeklętej ziemi i w trudzie pracować, aby zdobyć pokarm (Ks. Rodz. 3,16-17).

W Ks. Rodzaju 3,23 czytamy, *„Dlatego Pan Bóg wydalił go z ogrodu Eden, aby uprawiał tę ziemie, z której został wzięty".* Uprawa ziemi oznacza nie tylko uprawę, aby spożywać plony, ale również fakt, że – jako ludzie ukształtowani z prochu ziemi – mamy dbać o swoje serce, żyjąc na tej ziemi.

Pielęgnacja rodzaju ludzkiego rozpoczęła się wraz z grzechem Adama

Adam został stworzony jako istota żywa i nie miał zła w swoim sercu, więc nie musiał dbać o swoje serce. Po grzechu, w sercu Adama zagościł fałsz i potrzebował dbać o swoje serce, aż zostanie oczyszczone tak, jak było przed grzechem.

Dlatego, Adam musiał dbać o swoje serce, które stało się grzeszne z powodu fałszu, aby stać się prawdziwym dzieckiem Boga. Biblia mówi, „Bóg wygnał człowieka z Ogrodu Eden, aby uprawiał ziemię, z której pochodził". Oznacza to i odnosi się do pielęgnacji rodzaju ludzkiego.

Pielęgnacja czy uprawa odnoszą się do tego, co farmer robi, siejąc ziarno, dbając o plony i zbierając owoce. Aby pielęgnować rodzaj ludzki na ziemi i zyskać dobre owoce, czyli prawdziwe dzieci, Bóg zasiał pierwsze ziarno – Adama i Ewę. Przez Adama i Ewę, którzy byli nieposłuszni Bogu, niezliczona ilość dzieci narodziła się i dzięki Bożej pielęgnacji rodzaju ludzkiego, wielu narodziło się na nowi jako dzieci Boże dzięki pielęgnacji serc i odzyskać utracony obraz Boga.

Dlatego Boża pielęgnacja rodzaju ludzkiego odnosi się do całego procesu, w którym Bóg przejmuje kontrolę i rządzi rodzajem ludzkim od dnia stworzenia do dnia sądu, aby zyskać prawdziwe dzieci.

Tak, jak farmer walczy z suszą, powodziami, mrozem, wiatrami oraz szkodnikami, kiedy zasieje ziarno, aby zebrać piękne i smakowite owoce, Bóg czuwa nad życiem na ziemi, aby zyskać prawdziwe dzieci, które przyjdą do Niego, pomimo śmierci, chorób, rozłąki i cierpienia w czasie ich życia na ziemi.

Powód, dla którego Bóg umieścił drzewo poznania dobra i zła w Ogrodzie Eden

Niektórzy ludzie pytają, dlaczego Bóg umieścił w Ogrodzie Eden drzewo poznania dobra i zła, co doprowadziło do grzechu i zniszczenia? Powodem, dla którego Bóg umieścił w Ogrodzie Eden drzewo poznania dobra i zła jest to, że dzięki wspaniałej Bożej opatrzności, Bóg poprowadził człowieka do tego, że człowiek stał się świadomy istnienia pojęcia względności.

Większość ludzi zakłada, że Adam i Ewa byli szczęśliwi, mieszkając w Ogrodzie Eden, ponieważ nie było tam łez, smutku, chorób czy prześladowań. Jednak Adam i Ewa nie znali prawdziwego szczęście i miłości, ponieważ nie mieli wtedy pojęcia o względności.

Na przykład, jak zareagowałoby dzieci, które otrzymałyby tę samą zabawkę, ale jedno dziecko urodziło się i wychowało w bogatej rodzinie, a drugie w biednej? To drugie dziecko byłoby bardziej wdzięczne i szczęśliwe niż dziecko z bogatej rodziny, a jego radość płynęłaby z głębi serca.

Jeśli rozumiemy prawdziwą wartość danej rzeczy, musimy wiedzieć i doświadczyć również zupełne przeciwieństwo. Tylko jeśli cierpiałeś z powodu jakiejś choroby, będziesz w stanie docenić prawdziwą wartość zdrowia. Tylko jeżeli jesteś świadomy śmierci oraz piekła, będziesz w stanie docenić wartość życia wiecznego i podziękować Bogu za Jego miłość z głębi serca.

W Ogrodzie Eden, pierwszy człowiek Adam cieszył się wszystkim, co otrzymał od Boga. Cieszył się władzą nad innymi stworzeniami. Jednakże, ponieważ to wszystko nie było owocem jego pracy i potu, Adam nie był w stanie w pełni uchwycić ważności tego wszystkiego i docenić Boga. Dopiero kiedy został wygnany z Edenu i doświadczył łez, smutku, cierpienia, chorób, problemów, nieszczęścia i śmierci, uświadomił sobie różnicę między radością a smutkiem i zobaczył, jak cenna jest wolność oraz bogactwo, które miał od Boga w Ogrodzie Eden.

Czy wieczne życie wydawałoby się nam dobre, gdybyśmy nie znali smutku i radości? Nawet kiedy doświadczamy trudności przez jakiś czas, jeśli później jesteśmy w stanie uświadomić sobie oraz stwierdzić, „To jest radość!", nasze życie stanie się bardziej wartościowe i błogosławione.

Czy są rodzice, którzy nie wysłaliby swoich dzieci do szkoły i woleliby, aby zostały w domu tylko ze względu na to, że nauka jest trudna? Jeśli rodzice naprawdę kochają swoje dzieci, wyślą je do szkoły i zmotywują do nauki nawet trudnych rzeczy oraz doświadczenia różnych aspektów życia, aby mogły zbudować lepszą przyszłość.

Serce Boga, który stworzył rodzaj ludzki jest takie same. Z tego powodu, Bóg umieścił w Ogrodzie Eden drzewo poznania dobra i zła i nie zapobiegł temu, że Adam zjadł z drzewa w ramach wolnej woli, którą miał od Boga. Bóg pozwolił mu doświadczyć radości, gniewu, smutku i przyjemności. Dzięki doświadczeniu prawdziwej miłości, radości i wdzięczności, człowiek może z głębi serca kochać i uwielbić Boga, który sam jest prawdą i miłością.

Dzięki kształtowaniu ludzi, Bóg pragnął zyskać prawdziwe dzieci, które poznają Jego charakter i zechcą być takie same, jak również mieszkać z nimi w niebie, dzieląc wieczną i prawdziwą miłość na wieki.

Kształtowanie rodzaju ludzkiego rozpoczęło się od Izraela

Kiedy pierwszy człowiek Adam został wygnany z Edenu po tym, jak nie posłuchał Słowa Bożego, nie miał prawa wybrać ziemi, gdzie mógłby zamieszkać – to Bóg wyznaczył dal niego miejsce. Tym miejscem był Izrael.

W tym objawiła się wola i opatrzność Boża. Bóg opracował plan kształtowania człowieka I wybrał lud izraelski jako model. Dlatego Bóg pozwolił Adamowi prowadzić nowe życie w ziemi, która stała się ojczyzną Izraela.

Po pewnym czasie, Adam i jego potomkowie stali się praojcami wielkich narodów, a naród izraelski pochodził z Jakuba, który był potomkiem Abrahama. To nie tylko Izraelici, ale ludzie ze wszystkich krańców świata. Dlatego historia Izraela, którą kierował sam Bóg jest nie tylko historią ludzi, ale stanowi również boskie przesłanie dla ludzi.

Dlaczego, w takim razie, Bóg wybrał Izraela jako model dla kształtowania rodzaju ludzkiego? Stało się tak ze względu na ich nadrzędny charakter – innymi słowy – ich wspaniałą wewnętrzną istotę.

Izrael jest potomstwem ojca wiary Abrahama, który był radością dla Boga, oraz potomstwem Jakuba, który walczył z Bogiem i wytrwał. Dlatego, nawet kiedy izraelici stracili swoją ojczyznę i przez wieki żyli na wygnaniu, nie zatracili swojej tożsamości.

Przede wszystkim naród izraelski przez tysiące lat zachował słowo Boże, przepowiadane przez ludzi Bożych, i żył zgodnie z nim. Oczywiście, były chwile, kiedy cały naród oddalał się od Boga i grzeszył przeciwko Niemu, jednak w końcu żałowali i wracali do Boga. Nigdy nie utracili swojej wiary w Pana Boga.

Odzyskanie niepodległości przez Izrael w XX wieku wyraźnie ukazuje, jaki jest charakter tych ludzi – potomków Jakuba.

W Księdze Ezechiela 38,8 czytamy, *"Po wielu dniach otrzymasz rozkaz, przy końcu lat przybędziesz do kraju, który ocalał od miecza. Jego lud zebrany jest spośród wielu narodów na góry Izraela, długo leżące odłogiem. Sprowadzony on jest z powrotem spośród wielu narodów i mieszkają oni wszyscy bezpiecznie"*. Określenie „przy końcu czasów" odnosi się do czasu końca, kiedy kształtowanie rodzaju ludzkiego zostanie zakończone, a „góry Izraela" oznaczające miasto Jeruzalem będzie położone 760 m n.p.m. Dlatego, kiedy prorok Ezechiel mówi, że wielu „wielu mieszkańców zgromadzi się z wielu narodów na górach Izraela", oznacza to, że Izraelici zgromadzą się z całego świata i odbudują Izrael. Zgodni ze słowem Bożym, Izrael zniszczony przez Rzymian w 70 roku n.e., odzyskał statut państwowości 14 maja 1948 roku. Do tamtej pory ziemia była marnotrawiona, jednak dzisiaj Izraelici zbudowali silną nację, której żadne państwo nie powinno lekceważyć ani prowokować.

Cel, dla którego Bóg wybrał Izraelitów

Dlaczego Bóg rozpoczął kształtowanie rodzaju ludzkiego w ziemi Izraela? Dlaczego wybrał lud izraelski i kierował historią tego narodu?

Po pierwsze, Bóg pragnął ogłosić wszystkim narodom poprzez historię Izraela, że jest Stworzycielem nieba i ziemi, że jest jedynym prawdziwym i żywym Bogiem. Studiując historię Izraela nawet poganie mogą odczuć obecność Boga oraz to, że kieruje historią rodzaju ludzkiego.

Wtedy zobaczą wszystkie narody ziemi, że imię Pana zostało wezwane nad wami, i będą się ciebie lękały (Powt. Prawa 28,10).

Izraelu, tyś szczęśliwy, któż tobie podobny? Narodzie, zbawiony przez Pana, Obrońca twój tobie pomaga, błogosławi zwycięski twój miecz. Wrogowie słabną przed tobą, ty zaś wyniosłość ich depczesz (Powt. Prawa 33,29).

Boży naród wybrany cieszył się wielkimi przywilejami. Możemy o tym wyczytać z historii ludu.

Na przykład, kiedy Rachab przyjęła dwóch mężczyzn, których Jozue wysłał, aby szpiegowali ziemię Kananejską, powiedziała im, *„Wiem, że Pan dał wam ten kraj, gdyż postrach wasz padł na nas i wszyscy mieszkańcy kraju struchleli przed wami. Słyszeliśmy bowiem, jak Pan wysuszył wody Morza Czerwonego przed wami, gdy wychodziliście z Egiptu, i co uczyniliście dwom królom amoryckim po drugiej stronie Jordanu, Sichonowi i Ogowi, których obłożyliście klątwą. Na wieść o tym zatrwożyło się serce nasze i zabrakło nam odwagi wobec was, ponieważ Pan, Bóg wasz, jest Bogiem wysoko na niebie i nisko na ziemi"* (Joz. 2,9-11).

Podczas niewoli babilońskiej, Daniel chodził z Bogiem i Nabuchodonozor, król Babilonu doświadczył Boga, z którym chodził Daniel. Wtedy powiedział tylko *„wychwalam teraz,* *wywyższam i wysławiam Króla Nieba. Bo wszystkie Jego dzieła są prawdą, a drogi Jego sprawiedliwością, tych zaś, co postępują pysznie, może On poniżyć"* (Daniel 4,37).

Taka sama sytuacja miała miejsce, kiedy Izraelici byli pod panowaniem Persji. Widząc działanie żywego Boga oraz odpowiedzi na modlitwy Estery, król rzekł, *„We wszystkich bez wyjątku państwach i w każdym mieście, w miejscu, dokąd dotarło słowo króla i jego dekret dla Żydów, była radość i wesele, uczty i dzień zabawy. Wielu spośród narodów państwa perskiego przechodziło na judaizm, ponieważ padł na nich strach przed Żydami"* (Estery 8,17).

Dlatego, kiedy nawet poganie doświadczali żyjącego Boga, który działał na rzecz Izraelitów, bali się Go i oddawali Mu cześć. Nawet my jako kolejne pokolenia wiemy o majestacie Boga i uwielbiamy Go.

Po drugie, Bóg wybrał naród izraelski i prowadził ich, ponieważ chciał, aby luzie poprzez historię narodu izraelskiego uświadomili sobie powód, dla którego stworzył człowieka i kształtował go.

Bóg pragnie prawdziwych dzieci. Prawdziwe dziecko Boże to takie, które jest podobne do Boga w zakresie dobroci i miłości, które jest sprawiedliwe i święte. Ponieważ dzieci Boże kochają Go i żyją zgodnie z Jego wolą.

Kiedy naród izraelski żył zgodnie z przykazaniami Boga i służył Mu, Bóg ustanowił Izraelitów ponad wszystkimi nacjami.

Natomiast, kiedy Izraelici służyli bożkom i zapominali o Bożych przykazaniach, poddawani byli próbom i dotykały ich takie nieszczęścia jak wojny, katastrofy naturalne czy niewola. Na każdym etapie Izraelici uczyli się być pokornymi przed Bogiem, a wtedy On odnawiał ich w swoim miłosierdziu i miłości oraz tulił ich w swoich ramionach pełnych łaski.

Kiedy król Salomon kochał Boga i zachowywał Jego przykazania, cieszył się wielką chwałą i splendorem, jednak kiedy król oddalił się od Boga i służył bożkom, jego chwała i splendor bladły. Kiedy królowie izraelscy, tacy jak Dawid, Jechoszafat czy Hezekiasz chodzili zgodnie ze Słowem Bożym, kraj był potężny i niepokonany, jednak stawał się słaby i podatny na najazdy wroga w czasach panowania królów, którzy odrzucali wolę Boga.

Historia Izraela jasno ukazuje Bożą wolę i służy jako lustro, które odzwierciedla Bożą wolę dla wszystkich ludzi narodów. Ludzie zostali stworzeni na podobieństwo Boga, mają zachowywać Jego przykazania i stać się uświęconymi zgodnie z Jego słowem, a wtedy otrzymają Boże błogosławieństwa i opiekę. Izrael został wybrany, aby ukazać Bożą opatrzność wśród narodów. Izraelici otrzymali niezwykłe błogosławieństwa, służąc Bogu jako naród kapłański, posiadający słowo Boga. Nawet kiedy lud Boży grzeszył, Bóg – zgodnie z obietnicom złożoną praojcom – wybaczał im ich grzechy i odnawiał ich, kiedy żałowali w pokorze serca.

Przede wszystkim, największe błogosławieństwo, jakie obiecał Bóg swoim wybranym to wspaniałą obietnica chwały, że Mesjasz przyjdzie i zamieszka pośród nich.

Wielcy przodkowie

W czasie długiej historii rodzaju ludzkiego, Bóg chronił Izraela pod swoimi skrzydłami i wysyłał swoich ludzi w wyznaczonym czasie, aby imię narodu izraelskiego nie zniknęło. Ludzie Boży przychodzili jako właściwe owoce, zgodnie z prowadzeniem Bożym. Trwali w słowie Bożym, kochając Boga z całego serca. Bóg ustanowił fundament narodu izraelskiego dzięki wielkim praojcom Izraela.

Abraham, Ojciec wiary

Abraham został nazwany ojcem wiary dzięki swojej wierze i posłuszeństwu. To właśnie z niego miał wywodzić się wielki naród. Abraham urodził się około 4000 lat temu w Ur Chaldejskim, lecz został powołany przez Boga, pokochał Go i uznał Go za swojego przyjaciela.

Bóg zwrócił się do Abrahama i złożył mu następującą obietnicę,

Pan rzekł do Abrama, Wyjdź z twojej ziemi rodzinnej i z domu twego ojca do kraju, który ci ukażę. Uczynię bowiem z ciebie wielki naród, będę

ci błogosławił i twoje imię rozsławię, staniesz się błogosławieństwem (Ks. Rodz. 12,1-2).

W tamtym czasie Abraham nie był już młodym człowiekiem, nadal nie miał potomka i nie miał pojęcia, dokąd zmierza, dlatego okazanie posłuszeństwa wcale nie było łatwe. Mimo, iż nie widział, dokąd idzie, Abraham wyruszył, ponieważ zaufał w pełni słowu Boga, który nigdy nie łamie swoich obietnic. Stąd, Abraham zachowywał wiarę we wszystkim, co robił i w czasie swojego życia doświadczył błogosławieństw, które obiecał mu Bóg.

Abraham nie tylko zachowywał doskonałe posłuszeństwo i uczynki wiary, lecz zawsze okazywał dobroć i pokój stosunku do ludzi wokół niego. Na przykład, kiedy Abraham opuścił Haran zgodnie z Bożym poleceniem, jego bratanek Lot wyruszył z nim. Kiedy ilość ich dóbr zwiększyła się, Abraham i Lot nie byli już w stanie przebywać na tej samej ziemi. Brak pastwisk i wody doprowadziły do *„sprzeczki pomiędzy pasterzami trzód Abrama i pasterzami trzód Lota"* (Ks. Rodz. 13,7). Mimo, iż Abraham był o wiele starszy, nie szukał korzyści dla siebie. Pozwolił bratankowi wybrać ziemię i w Ks. Rodz. 13,9 czytamy, *„Wszak cały ten kraj stoi przed tobą otworem. Odłącz się ode mnie! Jeżeli pójdziesz w lewo, ja pójdę w prawo, a jeżeli ty pójdziesz w prawo, ja – w lewo"*.

Ponieważ Abraham był człowiekiem o czystym sercu, nigdy

nie brał niczego, co nie należało do niego (Ks. Rodz. 14,23).

Kiedy Bóg powiedział mu, że miasta Sodoma i Gomora tonęły w grzechu i że zostaną zniszczone, Abraham – człowiek pełen duchowej miłości – błagał Boga i otrzymał obietnicę, że Bóg nie zniszczy Sodomy, jeśli znajdzie się tam dziesięciu sprawiedliwych. Dobroć i wiara Abrahama były doskonałe do tego stopnia, że był posłuszny słowom Bożym nawet w sytuacji, kiedy Bóg rozkazał mu złożyć w ofierze swojego jedynego syna.

W Ks. Rodz. 22,2 Bóg rozkazał Abrahamowi, *„weź twego syna jedynego, którego miłujesz, Izaaka, idź do kraju Moria i tam złóż go w ofierze na jednym z pagórków, jakie ci wskażę".*

Izaak urodził się Abrahamowi, kiedy ten miał już 100 lat. Zanim urodził się Izaak, Bóg powiedział Abrahamowi, że z niego pochodzić będzie jego potomstwo, którego liczba będzie równa liczbie gwiazd na niebie. Gdyby Abraham postąpił zgodnie z zamysłami ciała, nie byłby w stanie spełnić polecenia Bożego i złożyć Izaaka w ofierze. A jednak Abraham był posłuszny i nie pytał o powody.

W chwili, gdy Abraham uniósł rękę, aby przebić nożem swojego syna na ołtarzu, anioł Boży zawołał na niego, *„Ale wtedy Anioł Pański zawołał na niego z nieba i rzekł, Abrahamie, Abrahamie! A on rzekł, Oto jestem. Anioł powiedział mu, Nie podnoś ręki na chłopca i nie czyń mu nic złego! Teraz poznałem, że boisz się Boga, bo nie odmówiłeś Mi nawet twego jedynego syna"* (Ks. Rodz. 22,11-12). Jakże błogosławiona i poruszająca jest niniejsza scena?

Ponieważ Abraham nigdy nie ulegał swoim cielesnym

zamysłom, w jego sercu nie zaistniał żaden konflikt ani lęk, dzięki czemu był w stanie spełnić Boże polecenie. Pokładał całe zaufanie w wiernym Bogu, który spełnia swoje obietnice. Wszechmocny Bóg wzbudza z martwych. On, Bóg miłości, pragnie dawać swoim dzieciom tylko to, co dobre. Ponieważ serce Abrahama było pełne posłuszeństwa, a on sam wydał owoc wiary, Bóg przyjął Abrahama jako ojca wiary.

Przysięgam na siebie, wyrocznia Pana, że ponieważ uczyniłeś to, a nie oszczędziłeś syna twego jedynego, będę ci błogosławił i dam ci potomstwo tak liczne jak gwiazdy na niebie i jak ziarnka piasku na wybrzeżu morza; potomkowie twoi zdobędą warownie swych nieprzyjaciół. Wszystkie ludy ziemi będą sobie życzyć szczęścia takiego, jakie jest udziałem twego potomstwa, dlatego że usłuchałeś mego rozkazu (Ks. Rodz. 22,16-18).

Ponieważ Abraham miał w sobie ogrom dobroci i wiary, które cieszyły Boga, został nazwany przyjacielem Boga oraz uznany za ojca wiary. Stał się ojcem narodów i źródłem błogosławieństw, tak jak Bóg obiecał, kiedy do niego przemówił po raz pierwszy, *„Będę błogosławił tym, którzy ciebie błogosławić będą, a tym, którzy tobie będą złorzeczyli, i ja będę złorzeczył. Przez ciebie będą otrzymywały błogosławieństwo ludy całej ziemi"* (Ks. Rodz. 12,3).

Boża opatrzność ukazana w życiu Jakuba, ojca Izraela oraz Józefa

Izaak urodził się Abrahamowi, natomiast Izaakowi urodzili się dwaj synowie – Jakub i Ezaw. Bóg wybrał Jakuba, ponieważ jego serce było lepsze niż serce jego brata, kiedy był jeszcze w łonie matki. Jakub otrzymał później imię Izrael i stał się ojcem narodu izraelskiego oraz ojcem dwunastu plemion.

Jakub pragnął Bożego błogosławieństwa do tego stopnia, że kupił pierworództwo Ezawa za miskę zupy z soczewicy, Tym samym pozbawiając go obiecanego błogosławieństwa i oszukując własnego ojca. Jakub miał wady, jednak Bóg wiedział, że kiedy Jakub zostanie przemieniony, stanie się wspaniałym narzędziem w Jego ręku. Z tego względu Bóg dopuścił na Jakuba 20 lat prób, aby jego ego zostało zupełnie złamane i aby mógł uniżyć się przed Bogiem.

Kiedy Jakub bardzo sprytnie odebrał bratu pierworództwo, Ezaw próbował go zabić, jednak Jakubowi udało się uciec. Jakub zamieszkał ze swoim wujem, Labanem i pasł jego trzody. Musiał trudzić się, wypasając owce i kozy swojego wuja. W Ks. Rodz. 31,40 czytamy jego wyznanie, *„Bywało, że dniem trawił mnie upał, a nocą chłód spędzał mi sen z powiek"*.

Bóg odpłaca każdemu według jego uczynków. Widział, że Jakub wykonuje swoją pracę wiernie i pobłogosławił mu bogactwem. Kiedy Bóg powiedział Jakubowi, aby wrócił do domu, Jakub opuścił Labana i wyruszył do domu z rodziną i swoją własnością. Kiedy dotarł do potoku Jabbok, Jakub usłyszał, że Ezaw wyruszył przed niego z 400 ludźmi.

Jakub nie mógł wrócić do Labana, ze względu na obietnicę, jaką mu złożył. Nie mógł też przejść przez rzekę i wyjść naprzeciw bratu, który chciał się na nim zemścić. Znajdując się w tak kłopotliwym położeniu, Jakub nie polegał na swojej mądrości, lecz oddał wszystko Bogu w modlitwie. Jakub tak intensywnie walczył z Bogiem w modlitwie, że uszkodził swoje biodro. Jakub walczył z Bogiem i zwyciężył, a Bóg pobłogosławił mu, mówiąc, *„Odtąd nie będziesz się zwał Jakub, lecz Izrael, bo walczyłeś z Bogiem i z ludźmi, i zwyciężyłeś"* (Ks. Rodz. 32,29). Jakub pojednał się również ze swoim bratem.

Powodem, dla którego Bóg wybrał Jakuba było to, że był wytrwały i pewny, pomimo prób które przechodził. Mógł stać się ważnym narzędziem i odegrać znaczącą rolę w historii Izraela.

Jakub miał 12 synów, którzy stali się fundamentem narodu izraelskiego. Jednakże, ponieważ stanowili zaledwie plemiona, Bóg umieścił ich w granicach Egiptu, który był potężnym krajem, do momentu aż potomkowie Jakuba stali się wielkim narodem.

Był to plan miłości Boga, który chronił swój lud przed innymi narodami. Bóg powierzył innej osobie wiele zadań do wykonanie – tą osobą był Józef – jedenasty syn Jakuba.

Pośród dwunastu synów Jakub najbardziej wyróżniał Józefa. Przygotował dla niego nawet specjalną kolorową szatę. Bracia Józefa znienawidzili go i byli o niego zazdrośni, więc sprzedali go do Egiptu, kiedy miał 17 lat. Jednak Józef nigdy nie narzekał ani nie chował urazy.

Józef został sprzedany do domu Potyfara, który był przywódcą wojsk faraona i kapitanem straży. Pracował tam wiernie i dokładnie tak, że zyskał przychylność Potyfara. Dlatego, Józef stał się nadzorcą domu Potyfara, który pokładał w nim pełne zaufanie.

Pojawił się jednak problem. Józef był przystojnym młodym mężczyzną i żona Potyfara próbowała go uwieść. Józef był wierny swojemu Bogu, więc kiedy próbowała go uwieść, powiedział jej, *„Jakże więc mógłbym uczynić tak wielką niegodziwość i zgrzeszyć przeciwko Bogu?"* (Ks. Rodz. 39,9)

Przez nieuzasadnione zarzuty Józef trafił do wiezienia, gdzie wtrącani byli więźniowie króla. Nawet w więzieniu Bóg był z Józefem i chronił go tak, że Józef wkrótce kierował tym, co było tam do zrobienia.

Dzięki wszystkim wydarzeniom w jego życiu, Józef zdobył mądrość, dzięki której później mógł kierować państwem, pielęgnować swoje polityczne dyspozycje oraz stać się wspaniałym narzędziem w ręku Boga.

Kiedy Józef wyłożył faraonowi jego sen i poddał mądre rozwiązanie problemów, którym faraon i jego ludzie musieli stawić czoła, został mianowany namiestnikiem Egiptu – następnym po faraonie. Stąd dzięki Bożej opatrzności oraz próbom, które przeszedł Józef, Bóg postawił Józefa na stanowisku wicekróla w jednym z najlepiej rozwiniętych w tamtym czasie krajów, kiedy ten skończył zaledwie 30 lat.

Zgodnie z interpretacją snu faraona, siedem lat głodu uderzyło Egipt i okolice, jednak ponieważ Józef poczynił przygotowania, Egipt był na to gotowy i Egipcjanom niczego nie brakowało. Bracia Józefa przybyli do Egiptu w poszukiwaniu jedzenie, pogodzili się ze swoim bratem i cała rodzina przeniosła się do Egiptu, gdzie żyli w bogactwie i przygotowywali drogę do narodzenia się narodu izraelskiego.

Mojżesz, wspaniały przywódca, który uczynił wyjście z Egiptu możliwym

Kiedy Izraelici osiedlili się w Egipcie ich liczba wzrastała, byli coraz bogatsi tak, że zaczęli tworzyć naród. Kiedy pojawił się nowy król, który nie znał Józefa, zaczął martwić się bogactwem i siłą potomków Izraela. Zaczęli uprzykrzać życie Izraelitów i zmuszać ich do ciężkiej pracy na budowie i w polu (Ks. Wyjścia 1,13-14).

Jednakże, *„im bardziej go uciskano, tym bardziej się rozmnażał i rozrastał, co jeszcze potęgowało wstręt do Izraelitów"* (Ks. Wyjścia 1,12). Faraon rozkazał zabić wszystkich nowonarodzonych chłopców izraelskich. Bóg jednak usłyszał krzyk Izraelitów, oczekujących pomocy w ich ucisku i przypomniał sobie o swoim przymierzu z Abrahamem, Izaakiem i Jakubem.

I oddaję tobie i twym przyszłym potomkom kraj, w którym przebywasz, cały kraj Kanaan, jako własność na wieki, i będę ich Bogiem (Ks. Rodz. 17,8).

Kraj, który dałem Abrahamowi i Izaakowi, daję tobie; i twemu przyszłemu potomstwu dam ten kraj (Ks. Rodz 35,12).

Aby wyprowadzić synów Izraela z niewoli i zaprowadzić ich do Ziemi Obiecanej, Bóg przygotował człowieka, posłusznego Jemu przykazaniom bezwarunkowo, aby prowadził Jego lud zgodnie z wolą Boga.

Tym człowiekiem był Mojżesz. Jego rodzice ukrywali go przez trzy miesiące po jego urodzeniu, jednak kiedy stało się to niemożliwe, umieścili do w koszu, a kosz schowali między trzciną na brzegu Nilu. Kiedy córka faraona odkryła dziecko w koszu, zdecydowała, że go zatrzyma jako własne. Siostra Mojżesz, która stała w pobliżu, kiedy zobaczyła, co się wydarzyło, poleciła córce faraona, aby wzięła biologiczną matkę dziecka jako mamkę.

Stąd, Mojżesz został wychowany w pałacu królewskim przez swoich biologicznych rodziców, więc uczył się o Bogu oraz o Izraelitach, jego ludzie.

Pewnego dnia, zobaczył, jak Egipcjanin bije Hebrajczyka, i w gniewie zabił Egipcjanina. Kiedy ludzie dowiedzieli się o tym, Mojżesz uciekł sprzed oblicza faraona i osiedlił się w ziemi midiańskiej. Pasł owce przez 40 lat i było to częścią Bożego planu, który próbował wyszkolić Mojżesz na przywódcę Narodu izraelskiego.

W odpowiednim czasie Bóg wezwał Mojżesz i rozkazał mu wyprowadzić Izraelitów z Egiptu i poprowadzić ich do Kanaanu, ziemi mlekiem i miodem płynącej.

Ponieważ faraon zatwardził swoje serce, nie chciał słuchać poleceń Bożych przekazywanych przez Mojżesza. W konsekwencji, Bóg sprowadził na Egipt dziesięć plag i przymusem wyciągnął Izraelitów z Egiptu.

Dopiero kiedy ucierpiał z powodu śmierci swojego pierworodnego syna, faraon i jego ludzie uklękli przed Bogiem, a lud izraelski mógł zrzucić swoje jarzmo. Sam Bóg prowadził Izraelitów na każdym kroku ich wędrówki; rozdzielił Morze Czerwone, aby mogli przejść po suchej ziemi. Kiedy nie mieli wody do picia, Bóg sprawił, że ze skały wytrysnęła woda, a kiedy nie mieli co jeść, Bóg posłał mannę i przepiórki. Bóg pokazał wiele cudów poprzez Mojżesza, aby zapewnić przetrwanie milionom Izraelitów, kiedy przebywali na pustyni przez 40 lat.

Wierny Bóg prowadził lud izraelski do Ziemi Kananejskiej poprzez Jozuego, który był następcą Mojżesza. Bóg pomagał Jozuemu i jego ludziom przejść przez rzekę Jordan i pomógł im przezwyciężyć Jerycho. Bóg umożliwił im zdobycie Ziemi Kananejskiej, opływającej w mleko i miód.

Oczywiście, podbój Kanaanu był nie tylko Bożym błogosławieństwem dla Izraelitów, ale również wynikiem Jego sprawiedliwego sądu nad mieszkańcami Kanaanu, którego ludzie stali się grzeszni i źli. Mieszkańcy Kanaanu stali się rażąco zdeprawowani i sami sprowadzili na siebie sąd. W swojej sprawiedliwości Bóg poprowadził Izraelitów do Ziemi Kananejskiej.

Bóg powiedział Abrahamowi, "*Twoi potomkowie powrócą tu dopiero w czwartym pokoleniu, gdy już dopełni się miara niegodziwości Amorytów*" (Ks. Rodz. 15,16). Zgodnie z tą obietnicą potomkowie Jakuba i jego synów opuścili Kanaan i osiedlili się w Egipcie, aby znów powrócić do Kanaanu.

Dawid ustanawia potężny naród izraelski

Po tym, jak Izraelici podbili Ziemię Kananejską, Bóg rządził nad Izraelem poprzez sędziów i proroków. Dopiero później Izrael stał się królestwem. Dzięki rządom króla Dawida, którego Bóg bardzo kochał, fundamenty narodu zostały założone. W młodości Dawid zabił Goliata, wielkiego filistyńskiego wojownika, za pomocą kamienia i procy. Dzięki swoim zasługom Dawid został uznany jako członek armii Saula. Kiedy Dawid powrócił do domu po pokonaniu Filistyńczyków, wiele kobiet śpiewało i grało na jego cześć, mówiąc, "Saul pobił tysiące, a Dawid dziesiątki tysięcy". Wszyscy Izraelici pokochali Dawida. Król Saul zaczął knuć przeciwko niemu z powodu swojej zazdrości.

Dawid miał dwie możliwości, aby zabić króla, jednak nie zrobił tego, ponieważ król był człowiekiem wybranym przez Boga, więc postępował dobrze w stosunku do niego. Pewnego razu, Dawid skłonił się przez królem, twarzą do ziemi i rzekł do niego, "*Dzisiaj na własne oczy mogłeś zobaczyć, że Pan wydał cię w jaskini w moje ręce. Namawiano mnie, abym cię zabił, a jednak oszczędziłem cię, mówiąc, Nie podniosę ręki na mego pana, bo jest pomazańcem Pańskim"* (1 Sam. 24,11).

Dawid, człowiek Boży, czynił dobrze nawet po tym, jak został królem. W czasie jego panowania, Dawid rządził królestwem w sprawiedliwości oraz umocnił je. Bóg czuwał nad Dawidem, a ten zwyciężał wojny przeciwko Filistyńczykom, Moabitom, Amalekitom, Ammonitom i Edomitom. Rozszerzył ziemie Izraela i zwiększał skarby królestwa. Cieszył się bogactwem i poszanowaniem.

Dawid przetransportował również Arkę Przymierza do Jerozolimy, ustanowił ofiary i pomagał ludziom budować ich wiarę w Pana Boga. Król ustanowił również Jerozolimę jako polityczne i religijne centrum królestwa oraz poczynił przygotowania do budowy świątyni Boga, która miała zostać zbudowana w czasie panowania króla Salomona.

W czasie całej historii, Izrael był najpotężniejszym i najwspanialszym królestwem podczas panowania króla Dawida, a on sam był podziwiany przez ludzi i oddawał chwałę Bogu. Ponadto, Dawid był praojcem Mesjasza, który wywodził się z jego rodu.

Eliasz przyprowadza Izraelitów z powrotem do Boga

Syn króla Dawida, Salomon czcił bożki w późnym okresie swojego życia i królestwo zostało podzielone na pół po jego śmierci. Pośród dwunastu plemion Izraela, dziesięć utworzyło Królestwo Izraela na północy, podczas gdy pozostałe dwa utworzyły Królestwo Judy na południu.

W Królestwie Izraela prorok Amos i Ozeasz odkrywali ludowi wolę Bożą, podczas gdy Jeremiasz i Izajasz pełnili swoją służbę w Królestwie Judy. Bóg wysyłał swoich proroków i realizował przez nich swoją wolę. Jednym z nich był prorok Eliasz. Eliasz pełnił swoją służbę podczas panowania Achaba w królestwie północnym.

W czasach Eliasza pogańska królowa Jezebel wprowadziła bałwochwalstwo do Izraela i oddawała cześć Baalowi i innym bożkom w całym królestwie. Pierwszym zadanie proroka Eliasza było to, aby powiedział Achabowi, że nie będzie deszczu w Izraelu przez trzy i pół roku, ponieważ Bóg wydał sąd z powodu ich bałwochwalstwa.

Kiedy prorok dowiedział się, że król i królowa chcą go zabić, uciekł do Sarepty, która należała do Sydonu. Tam nakarmiła go wdowa, a w zamian za jej pomoc, Eliasz dokonał cudu i pomnożył to, co miała, sprawiając, że nigdy nie zabrakło jej oliwy i mąki. Ponadto, ożywił z martwych jej syna.

Na górze Karmel, Eliasz walczył przeciwko 450 prorokom Baala i 400 prorokom Aszery. Sprowadził ogień z nieba na ziemię. Aby serca Izraelitów odwróciły się od Bożków, Eliasz odnowił ołtarz Pana, wylał swoją na ofiar i na ołtarz, oraz gorąco modlił się do Boga.

O Panie, Boże Abrahama, Izaaka oraz Izraela! Niech dziś będzie wiadomo, że Ty jesteś Bogiem w Izraelu, a ja Twój sługa na Twój rozkaz to wszystko uczyniłem. Wysłuchaj mnie, o Panie! Wysłuchaj, aby ten lud zrozumiał, że Ty, o Panie, jesteś Bogiem i Ty nawróciłeś ich serce. A wówczas spadł ogień od Pana <z nieba> i strawił żertwę i drwa oraz kamienie i muł, jako też pochłonął wodę z rowu. Cały lud to ujrzał i upadł na twarz, a potem rzekł, Naprawdę Jahwe jest Bogiem! Naprawdę Pan jest Bogiem!* (1 Król. 18,36-39)

Ponadto, sprowadził deszcz z nieba po trzech i pół roku, przeszedł przez rzekę Jordan suchą stopą, jakby chodził po suchym lądzie i przepowiedział rzeczy, które miały się wydarzyć. Manifestując wspaniałą moc Bożą, Eliasz złożył świadectwo żyjącego Boga.

W 2 Król. 2,11 czytamy, *„Podczas gdy oni szli i rozmawiali, oto zjawił się wóz ognisty wraz z rumakami ognistymi i rozdzielił obydwóch, a Eliasz wśród wichru wstąpił do niebios".* Ponieważ Eliasz był Bożą radością dzięki jego wierze, Bóg kochał go przyjął go do siebie. Prorok wstąpił do nieba i nigdy nie poznał śmierci.

Daniel odkrywa Bożą chwałę przed narodami

Dwieście pięćdziesiąt lat później, około 605 roku p.n.e. w trzecim roku panowania króla Jehojakima, na Jerozolimę najechał król Babilonu Nabuchodonozor, i wielu ludzi zostało pojmanych do niewoli.

W ramach polityki pojednania, król Nabuchodonozor rozkazał Aszpenazowi, przywódcy urzędników, aby przyprowadził synów izraelskich, łącznie z tymi należącymi do rodziny królewskiej oraz szlacheckiej – młodych ludzi bez żadnej skazy, którzy dobrze wyglądali, byli mądrz i inteligentni, którzy posiadali zrozumienie oraz wiedzę, oraz którzy mogliby służyć na królewskim dworze. Król kazał nauczyć ich literatury oraz języka chaldejskiego. Jednym z tych młodych ludzi był właśnie Dawid (Dan. 1,3-4).

Jednakże, Daniel podjął decyzję, że nie będzie zanieczyszczał się niczym ze stołu królewskiego, ani pokarmem ani winem, więc prosił przywódcę o to, aby móc jeść coś innego i pić wodę (Dan. 1,8).

Mimo, iż Daniel był jeńcem, otrzymywał Boże błogosławieństwa, ponieważ pełen był bojaźni Bożej w każdym aspekcie swojego życia. Bóg dał Danielowi i jego przyjaciołom wiedzę i inteligencję w zakresie literatury i mądrości. Daniel potrafił wykładać wizje oraz sny (Dan. 1,17).

Dlatego właśnie zyskał przychylność w oczach króla. Nie zmieniło się to, nawet wtedy, gdy zmienił się król. Perski król Dariusz rozpoznał niezwykłą osobowość w Danielu, więc ustanowił go zwierzchnikiem nad całym narodem. Jednak urzędnicy byli zazdrości o Daniela i zaczęli szukać powodu, aby go oskarżyć o coś, związanego z rządami. Jednak nie mogli niczego takiego znaleźć.

Kiedy dowiedzieli się, że Daniel modli się do Boga trzy razy dziennie, satrapowie i urzędnicy przyszli do króla i zachęcili go, aby przygotował uchwałę, że ktokolwiek będzie oddawać chwałę jakiemukolwiek bogu lub człowiekowi zamiast królowi przez miesiąc, zostanie wtrącony do jaskini lwów. Daniel nie zawahał się. Pomimo ryzyka utraty życia, reputacji i wysokiej pozycji, nadal modlił się do Boga, z twarzą zwróconą w kierunku Jerozolimy tak, jak wcześniej. Zgodnie z rozkazem króla, Daniel został wrzucony do jaskini lwów, ale ponieważ Bóg zesłał swojego anioła i zamknął paszcze lwom, lwy nie skrzywdziły Daniela. Po tym wydarzeniu, Król Dariusz napisał do swoich ludzi każdego języka i narodu, którzy mieszkali w królestwie, aby śpiewali i oddawali chwałę Bogu,

Król Dariusz napisał do wszystkich narodów, ludów i języków, zamieszkałych po całej ziemi, Wasz pokój niech będzie wielki! Wydaję niniejszym dekret, by na całym obszarze mojego królestwa odczuwano lęk i drżenie przed Bogiem Daniela. Bo On jest Bogiem żyjącym i trwa na wieki. On ratuje i uwalnia, dokonuje znaków i cudów na niebie i na ziemi. On uratował Daniela z mocy lwów (Daniel 6,26-28).

Oprócz praojców wiary, którzy zyskali wielką sławę u Boga, żadna ilość papieru ani tuszu nie są wystarczające, aby opisać uczynki wiary takich ludzi jak Gedeon, Barak, Samson, Jefta, Samuel, Izajasz, Jeremiasz, Ezechiel, przyjaciele Daniela, Estera oraz wielu proroków opisanych w Biblii.

Wielcy praojcowie narodów ziemi

Od najwcześniejszych dni narodu izraelskiego, Bóg osobiście kierował jego historią. Zawsze kiedy Izrael znalazł się w sytuacji kryzysowej, Bóg dawał im, czego potrzebowali poprzez proroków i czuwał nad ich losem.

Dlatego, w przeciwieństwie do historii wielu innych narodów, historia Izraela rozwijała się i nadal będzie się rozwijać zgodnie z Bożym planem, aż do końca czasów.

Bożym planem nie było tylko to, aby wybrać i użyć ojców wiary spośród ludu izraelskiego, ale również spośród ludzi, którzy mają wiarę gdziekolwiek na świecie.

Z Abrahama wyjdzie wielki naród i będą w nim błogosławione wszystkie plemiona ziemi (Ks. Rodz. 18,18).

Bóg pragnie, aby wszystkie plemiona ziemi stały się dziećmi Abrahama poprzez wiarę oraz aby otrzymały jego błogosławieństwa. Nie zarezerwował błogosławieństw tylko dla narodu wybranego. Bóg obiecał Abrahamowi w Ks. Rodz. 17,4-5, że będzie ojcem wielu narodów, a w Ks. Rodz. 12,3, że wszystkie rodziny na świecie będą w nim błogosławione. Ks. Rodz. 22,17-18 mówi nam, że wszystkie narody ziemi będą błogosławione jako jego potomstwo.

Co więcej, poprzez historię Izraela Bóg otworzył wszystkim narodom ziemi ścieżkę, dzięki której mogą przyjść do prawdziwego Boga, służyć Mu i stać się Jego prawdziwymi dziećmi.

> *Przystępny byłem dla tych, co o Mnie nie dbali, tym, którzy Mnie nie szukali, dałem się znaleźć. Mówiłem, "Oto jestem, jestem!" do narodu, który nie wzywał mego imienia* (Iz. 65,1).

Bóg ustanowił wielkich praojców i osobiście kierował historią narodu izraelskiego, aby umożliwić zarówno poganom i swojemu wybranemu ludowi wołać Jego imię. Bóg kształtował rodzaj ludzki w tamtym czasie, jednak później zastosował inny wspaniały plan, który dotyczy również pogan. Dlatego, kiedy nadszedł odpowiedni czas, Bóg wysłał swojego Syna na ziemię, nie tylko jako Mesjasza dla Izraela, ale jako Mesjasza dla całego rodzaju ludzkiego.

Ludzie, którzy składają świadectwo Jezusowi

W czasie historii kształtowanie rodzaju ludzkiego, Izrael był zawsze w samym środku realizowania się Bożej opatrzności. Bóg odkrywał samego siebie ojcom wiary, mówił im o tym, co miało się wydarzyć i wypełniał swoje obietnice. Powiedział również Izraelitom, że Mesjasz przyjdzie z plemienia Judy i z domu Dawida oraz ocali wszystkie narody ziemi.

Dlatego, Izrael oczekiwał na Mesjasza przepowiedzianego w Starym Testamencie. Mesjaszem jest Jezus Chrystus. Oczywiście, ludzie, którzy pokładali wiarę w judaizmie nie rozpoznali Jezusa jako Syna Bożego i Mesjasza, i nadal oczekiwali na to, że nadejdzie.

Jednakże, Mesjasz, na którego czeka Izrael i Mesjasz, któremu poświęcony jest ten rozdział to ta sama osoba.

Co ludzie mówią o Chrystusie? Jeśli przyjrzysz się proroctwom na temat Mesjasza oraz ich wypełnieniu i kwalifikacjom Mesjasza, nie dojdziesz do żadnego innego wniosku niż ten, że Mesjasz, na którego czeka Izrael już dawno przyszedł i jest nim Jezus.

Paweł, prześladowca Jezusa Chrystusa, staje się Jego naśladowcą

Paweł urodził się w Tarsie (obecna Turcja), około 2000 lat temu. Przy narodzinach nadano mu imię Saul. Saul został obrzezany w ósmym dniu po swoich narodzinach. Urodził się w narodzie izraelskim z plemienia Benjamina, Hebrajczyk z Hebrajczyków. Saul zgodnie z prawem był człowiekiem nieskazitelnym. Uczył się u Gamaliela, nauczyciela prawa szanowanego przez lud. Żył zgodnie z prawem swych ojców i miał obywatelstwo Imperium Rzymskiego, które w tamtych czasach było najpotężniejszym narodem świata. Według kategorii ziemskich, Saulowi nie brakowało niczego, ani rodziny, ani powiązań, ani wiedzy, ani bogactwa ani władzy.

Ponieważ kochał Boga ponad wszystko, Saul prześladował naśladowców Jezusa, ponieważ chrześcijanie uważali Jezusa za Syna Bożego i Zbawiciela, oraz że Jezus zmartwychwstał trzeciego dnia od pochówku. Saul zaś uważał to za bluźnierstwo.

Saul uważał też, że naśladowcy Chrystusa stanowili zagrożenie dla judaizmu, zgodnie z którym żył. Z tego względu, Saul prześladował i niszczył kościół oraz przejął kierownictwo w pościgu za wierzącymi w Jezusa.

Uwięził wielu chrześcijan i głosował za tym, aby zostali zabici. Karał wierzących w synagogach, próbując wymusić na nich bluźnierstwo przeciwko Jezusowi. Saul ścigał ich nawet do obcych miast.

Jednak pewnego dnia Saul doświadczył czegoś niezwykłego, przez co jego życie zupełnie się zmieniło. W drodze do

Damaszku nagle otoczyła do światłość.

„*Saulu, Saulu, dlaczego mnie prześladujesz?*"
„*Kim jesteś, Panie?*"
„*Ja jestem Jezus, którego ty prześladujesz*".

Saul wstał, jednak nie widział zupełnie nic. Ludzie zaprowadzili go do Damaszku. Zatrzymał się tam przez trzy dni. Nic nie widział, nie jadł, ani nie pił. Po tym wydarzeniu, Pan przemówił w wizji do jednego z uczniów o imieniu Ananiasz.

A Pan do niego, Idź na ulicę Prostą i zapytaj w domu Judy o Szawła z Tarsu, bo właśnie się modli. / I ujrzał w widzeniu, jak człowiek imieniem Ananiasz wszedł i położył na nim ręce, aby przejrzał; Idź – odpowiedział mu Pan – bo wybrałem sobie tego człowieka za narzędzie. On zaniesie imię moje do pogan i królów, i do synów Izraela. I pokażę mu, jak wiele będzie musiał wycierpieć dla mego imienia (Dz. Ap. 9,11-12; 15-16).

Kiedy Ananiasz położył ręce na Saulu i modlił się za niego, nagle zasłona opadła z jego oczu i odzyskał wzrok. Po spotkaniu z Panem, Saul uświadomił sobie swoje grzechy i otrzymał nowe imię, „Paweł", co oznacza „mały człowiek". Od tamtego czasu Paweł odważnie głosił poganom żyjącego Boga i poselstwo Jezusa Chrystusa.

Oświadczam więc wam, bracia, że głoszona przeze mnie Ewangelią nie jest wymysłem ludzkim. Nie otrzymałem jej bowiem ani nie nauczyłem się od jakiegoś człowieka, lecz objawił mi ją Jezus Chrystus. Słyszeliście przecież o moim postępowaniu ongiś, gdy jeszcze wyznawałem judaizm, jak z niezwykłą gorliwością zwalczałem Kościół Boży i usiłowałem go zniszczyć, jak w żarliwości o judaizm przewyższałem wielu moich rówieśników z mego narodu, jak byłem szczególnie wielkim zapaleńcem w zachowywaniu tradycji moich przodków. Gdy jednak spodobało się Temu, który wybrał mnie jeszcze w łonie matki mojej i powołał łaską swoją, aby objawić Syna swego we mnie, bym Ewangelię o Nim głosił poganom, natychmiast, nie radząc się ciała i krwi ani nie udając się do Jerozolimy, do tych, którzy apostołami stali się pierwej niż ja, skierowałem się do Arabii, a później znowu wróciłem do Damaszku (Gal. 1,11-17).

Paweł doświadczył wielu cierpień z powodu głoszenia ewangelii. Nie da się ich nawet opisać słowami. Ciężko pracował, był więziony, wielokrotnie bity, często groziła mu śmierć, nie sypiał, był głodny i spragniony, często było mu zimno i nie miał się czym okryć (2 Kor. 11,23-27).

Mógł prowadzić wygodne i bogate życie, w którym miał status, władzę, wiedzę i mądrość, jednak Paweł porzucił to wszystko i poddał się swojemu Panu.

Jestem bowiem najmniejszy ze wszystkich apostołów i niegodzien zwać się apostołem, bo prześladowałem Kościół Boży. Lecz za łaską Boga jestem tym, czym jestem, a dana mi łaska Jego nie okazała się daremna; przeciwnie, pracowałem więcej od nich wszystkich, nie ja, co prawda, lecz łaska Boża ze mną (1 Kor. 15,9-10).

Paweł mógł wypowiedzieć z odwagą niniejsze wyznanie, ponieważ miał żywe doświadczenie spotkania z Jezusem. Pan nie tylko spotkał Pawła na drodze do Damaszku, ale również potwierdził swoje istnienie, manifestując cudowne działanie swojej mocy.

Bóg wykonywał wiele cudów dzięki Pawłowi tak, że choroby i złe duchy opuszczały ciała dotkniętych nimi osób. Paweł przywrócił życie młodemu chłopakowi, który spadł z trzeciego piętra. Nie można doprowadzić do zmartwychwstania człowieka bez udziału mocy Boga.

Stary Testament wspomina o tym, że prorok Eliasz wzbudził z martwych syna wdowy z Serepty, a prorok Elizeusz wzbudził syna pewnej bogatej kobiety z Szunen. Jak psalmista napisał w Psalmie 62,11, *"Nie Bóg raz powiedział, dwa razy to słyszałem, Bóg jest potężny"*, moc Boża została dana człowiekowi.

W czasie swoich podróży misyjnych Paweł ustanowił fundament ewangelii Jezusa Chrystusa, aby była głoszona wszystkim narodom, budując kościoły w wielu miejscach w Azji i w Europie, łącznie z Azją Mniejszą oraz Grecją. Stąd, otwarła się ścieżka, poprzez którą głoszona będzie ewangelia Chrystusa do wszystkich krańców ziemi, a miliony dusz otrzymają zbawienie.

Piotr manifestuje wielką moc Bożą i prowadzi do zbawienia niezliczoną ilość dusz

Co możemy powiedzieć na temat Piotra, który wkładał wszelkie wysiłki, aby głosić ewangelię Żydom? Zanim spotkał Jezusa, był zwyczajnym rybakiem, jednak kiedy został powołany i doświadczył cudownych rzeczy, które uczynił Jezus, Piotr stał się jednym z Jego uczniów.

Kiedy Piotr ujrzał, jak Jezus manifestuje swoją moc, jakiej żaden inny człowiek nie mógł podrobić, łącznie z otwieraniem oczu ślepych, uzdrawianiem chromych, wzbudzaniem z martwych, kiedy widział dobre uczynki Jezusa i to, w jaki sposób Jezus zakrywał wady ludzkie, uwierzył w to, że Jezus jest prawdziwym Synem Bożym.

W Ewangelii Mateusza 16 czytamy jego wyznanie. Jezus zapytał swoich uczniów, *„Za kogo mnie uważacie?"* (w.15). Piotr odpowiedział, *„Ty jesteś Chrystus, Syn Boga żywego"* (w. 16).

Później jednak stało się coś niewyobrażalnego. Piotr, który w czasie ostatniej wieczerzy wyznał Jezusowi, *„Choćby wszyscy zwątpili w Ciebie, ja nigdy nie zwątpię"* (Mat. 26,33), w nocy, kiedy Jezus został pojmany i ukrzyżowany, Piotr zaparł się Jezusa trzy razy ze strachu przed śmiercią.

Po zmartwychwstaniu Jezus oraz Jego wniebowstąpieniu,

Piotr otrzymał Ducha Świętego i jego życie zmieniło się w cudowny sposób. Poświęcił się głoszeniu ewangelii Jezusa bez lęku. Pewnego dnia 3000 ludzi skruszyło się i zostało ochrzczonych, dzięki odważnemu świadectwu Piotra o Jezusie. Nawet przed przywódcami żydowskimi, kiedy groziła mu śmierć, odważnie głosił Jezusa jako swojego Pana i Zbawiciela.

Nawróćcie się – powiedział do nich Piotr – i niech każdy z was ochrzci się w imię Jezusa Chrystusa na odpuszczenie grzechów waszych, a weźmiecie w darze Ducha Świętego. Bo dla was jest obietnica i dla dzieci waszych, i dla wszystkich, którzy są daleko, a których powoła Pan Bóg nasz (Dz. Ap. 2,38-39).

On jest kamieniem, odrzuconym przez was budujących, tym, który stał się głowicą węgła. I nie ma w żadnym innym zbawienia, gdyż nie dano ludziom pod niebem żadnego innego imienia, w którym moglibyśmy być zbawieni (Dz. Ap. 4,11-12).

Piotr manifestował moc Bożą za pomocą wielu znaków i cudów. W Lyddzie Uzdrowił człowieka, który był sparaliżowany od ośmiu lat, natomiast w Joppie, wzbudził z martwych Tabitę, która zachorowała i umarła. Piotr uzdrowił chromego, uzdrawiał ludzi cierpiących z powodu wielu różnych chorób oraz wypędzał demony.

Moc Boża towarzyszyła Piotrowi do tego stopnia, że ludzie

chorzy wychodzili na ulicę i kładli się, oczekując na Piotra, że chociaż jego cień na nich padł (Dz. Ap. 5,15).

Ponadto, Bóg odkrył Piotrowi w swojej wizji, że ewangelia zbawienia przeznaczona jest również dla pogan. Pewnego dnia Piotr wyszedł na dach domu, aby się modlić, poczuł się głodny i chciał coś zjeść. Kiedy jedzenie było przygotowywane, Piotr miał wizję i zobaczył otwarte niebo. Jakiś przedmiot niczym wielkie prześcieradło zbliżało się w stronę ziemi. Znajdowały się w nim różne czworonożne zwierzęta i stworzenia pełzające ziemi oraz ptaki niebieskie (Dz. Ap. 10,9-12).

Piotr usłyszał głos. *„Wstań, zabijaj i jedz"* (w. 13). Jednak Piotr odpowiedział, *„Panie, nigdy nie jadłem nic nieczystego"* (w. 14). Ponownie usłyszał głos, *„Co Bóg oczyścił, nie jest już nieczyste"* (w. 15).

Sytuacja powtórzyła się trzy razy i wszystko ponownie uniosło się do nieba. Piotr nie rozumiał, dlaczego Bóg kazał mu jeść coś, co zgodnie z prawem Mojżeszowym było nieczyste. Podczas gdy Piotr zastanawiał się nad znaczeniem wizji, Duch Święty powiedział mu, *„Kiedy Piotr rozmyślał jeszcze nad widzeniem, powiedział do niego Duch, Poszukuje cię trzech ludzi. Zejdź więc i idź z nimi bez wahania, bo Ja ich posłałem"* (Dz. Ap. 10,19-20). Trzech mężczyzn przybyło po Piotra w imieniu Korneliusza, prosząc go, aby udał się do niego.

Poprzez wizję, Bóg odkrył przed Piotrem, że chciał, aby Jego łaska była również przekazywana poganom. Zachęcał Piotra, aby głosił im ewangelię Jezusa. Piotr był tak wdzięczny Panu, który kochał go do samego końca i powierzył mu jako swojemu apostołowi święte zadanie, mimo, że Piotr zaparł się Go trzy razy. Piotr poprowadził niezliczoną liczbę dusz do zbawienia i umarł śmiercią męczeńską.

Proroctwa apostoła Jana dotyczące czasów ostatecznych zawarte w Księdze Apokalipsy

Jan był rybakiem w Galilei, jednak po tym, jak został powołany przez Jezusa, Jan chodził z Nim i widział manifestację znaków i cudów. Jan widział, jak Jezus zamienił wodę w wino na weselu w Kanie, uzdrowił niezliczoną liczbę ludzi, człowieka, który był chory przez 38 lat, wypędzał demony, otwierał oczy ślepym. Jan był świadkiem tego, jak Jezus chodził po wodzie oraz wzbudził z martwych Łazarza, który nie żył już od trzech dni.

Jan był z Jezusem, kiedy ten został przemieniony (jego twarz lśniła jak słońce, a Jego szaty stały się białe jak światłość) i rozmawiał z Mojżeszem i Eliaszem na Górze Przemienienia. Nawet, kiedy Jezus wydał ostatni oddech na krzyżu, Jan słyszał słowa wypowiedziane do niego oraz do Marii, *„Kobieto, oto syn twój!"* (⌘ 19:26) *„Oto matka twoja!"* (⌘ 19:27)

Tymi trzema ostatnimi słowami, które Jezus wypowiedział na krzyżu, w sensie fizycznym Jezus pocieszał Marię, która Go urodziła, a w sensie duchowym ogłosił całemu rodzajowi ludzkiemu, że wszyscy wierzący są braćmi, siostrami i matkami.

Jezus nigdy nie nazwał Marii „matką". Ponieważ Jezus Syn Boży jest sam Bogiem, nikt nie może go tak naprawdę urodzić ani być Jego matką. Powodem, dla którego Jezus powiedział, "Oto matka twoja" było to, żeby Jan służył Marii jako swojej matce. Od tamtej pory Jan wziął Marię do swojego domu i służył jej.

Po zmartwychwstaniu Jezusa oraz Jego wniebowstąpieniu, Jan głosił ewangelię Jezusa wraz z innymi apostołami pomimo ciągłych gróźb ze strony Żydów. Dzięki głoszeniu ewangelii kościół wczesnochrześcijański doświadczył ożywienia, jednak tym samym było to powodem prześladowania apostołów.

Apostoł Jan był przesłuchiwany przed Radą i wrzucony do wrzącej oliwy przez rzymskiego cesarza Dominicjana. Jednak Jan nie ucierpiał, ponieważ moc Boża była z nim, a cesarz wygnał go na grecką wyspę Patmos na Morzu Śródziemnym. Tam Jan komunikował się z Bogiem w modlitwie i dzięki inspiracji Ducha Świętego oraz opiece aniołów otrzymywał wizję oraz zapisał objawienie Jezusa Chrystusa.

Objawienie Jezusa Chrystusa, które dał Mu Bóg, aby ukazać swym sługom, co musi stać się niebawem, a On wysławszy swojego anioła oznajmił przez niego za pomocą znaków słudze swojemu Janowi (Ap. 1,1).

Dzięki inspiracji Ducha Świętego apostoł Jan szczegółowo opisał rzeczy, które mają wydarzyć się w dniach ostatecznych, aby ludzie przyjęli Jezusa jako swojego Zbawiciela i przygotowali się, aby przyjąć Go jako króla i Pana podczas Jego powtórnego przyjścia.

Członkowie kościoła wczesno chrześcijańskiego trwali w wierze

Kiedy Jezus wstąpił do nieba, obiecał swoim uczniom, że powróci w ten sam sposób, jak oglądali Go odchodzącego do nieba. Nieliczona liczba świadków zmartwychwstania Jezusa oraz Jego wniebowstąpienia uświadomiła sobie, że również zmartwychwstaną i nie muszą już obawiać się śmierci. Tak mogli prowadzić swoje życie jako Jego świadkowie stając twarzą w twarz z groźbami oraz prześladowaniami ze strony władców tego świata, którzy często pozbawiali ich życia. Nie tylko uczniowie Jezusa, którzy służyli Mu podczas Jego służby na ziemi, ale również inni stali się ofiarami lwów w Koloseum w Rzymie, obcinano im głowy, krzyżowano i palono na stosach. Jednakże, wszyscy trwali w wierze w Jezusa.

Ponieważ prześladowania przeciwko chrześcijanom nasilały się, członkowie kościoła wczesnochrześcijańskiego w Rzymie ukrywali się w katakumbach, znanych jako „podziemne miejsca pochówku". Ich życie było tragiczne; było naprawdę trudno, więc ciężko było w ogóle nazwać to życiem. Ponieważ z całego serca kochali swojego Pana, nie bali się prób ani prześladowań.

Zanim chrześcijaństwo zostało oficjalnie uznane jako religia w Rzymie, prześladowania przeciwko chrześcijanom były okrutne i nie do opisania. Chrześcijanie byli pozbawiani ich obywatelstwa, kościoły i Biblie palone, liderzy i pracownicy kościoła aresztowani, brutalnie torturowani oraz zabijani.

Polikarp w kościele w Smyrnie w Azji Mniejszej miał osobistą więź z apostołem Janem. Był on oddanym biskupem. Kiedy Polikarp został aresztowany przez władze Rzymu i stanął przed gubernatorem, nie wyparł się swojej wiary.

„Nie chcę cię zlekceważyć. Rozkaż, aby chrześcijanie zostali zabici, a ja cię uwolnię. Przeklnij Chrystusa!"

„Przez osiemdziesiąt sześć lat służyłem Panu. Jezus nie zrobił mi nic złego. Jakże mógłbym bluźnić przeciwko królowi, który mnie ocalił?"

Chcieli go spalić, jednak ponieważ im się to nie udało, Polikarp, biskup Smyrny umarł jako męczennik – został zasztyletowany. Kiedy wielu innych chrześcijan było świadkami i słyszało o śmierci Polikarpa, o jego wierze i męczeństwie, tym bardziej przylgnęli do wiary w Jezusa i wybrali ścieżkę męczeństwa.

Mężowie izraelscy – przemówił do nich – zastanówcie się dobrze, co macie uczynić z tymi ludźmi. Bo niedawno temu wystąpił Teodas, podając się za kogoś niezwykłego. Przyłączyło się do niego około czterystu ludzi, został on zabity, a wszyscy jego zwolennicy zostali rozproszeni i ślad po nich zaginął. Potem podczas spisu ludności wystąpił Judasz Galilejczyk i pociągnął lud za sobą. Zginął sam i wszyscy jego zwolennicy zostali rozproszeni. Więc i teraz wam mówię, Odstąpcie od tych ludzi i puśćcie ich. Jeżeli bowiem od ludzi pochodzi ta myśl czy sprawa, rozpadnie się, a jeżeli rzeczywiście od Boga pochodzi, nie potraficie ich zniszczyć i może się czasem okazać, że walczycie z Bogiem. Usłuchali go (Dz. Ap. 5,35-39).

Ponieważ sławny Gamaliel wykrzykiwał do Izraelitów w taki sposób, ewangelia Jezusa, który przybył od samego Boga, nie mogła zostać powstrzymana. W końcu w 313 roku n.e., cesarz rzymski Konstantyn uznał chrześcijaństwo jako oficjalną religię cesarstwa. Od tamtego czasu ewangelia Jezusa była i jest głoszona na cały świat.

Świadectwo Piłata o Jezusie

Wśród historycznych dokumentów z czasów Imperium Rzymskiego znaleziono manuskrypt na temat zmartwychwstanie Jezusa napisany przez Poncjusza Piłata, rzymskiego gubernatora Judei w czasach Jezusa. Niniejszy manuskrypt został wysłany do cesarza.

Następujące słowa są sprawozdaniem na temat wydarzenia, którym było zmartwychwstanie Jezusa. Były one zawarte w liście stanowiącym raport Piłata przesłany Cesarzowi z aresztowania, rozprawy oraz ukrzyżowania Jezusa. Obecnie dokument znajduje się w Hagia Sopfia w Istanbule w Turcji,

Kilka dni po tym, jak okazało się, że grób jest pusty, Jego uczniowie ogłosili w całym kraju, że Jezus powstał w martwych, jak wcześniej powiedział. Wywołało to jeszcze więcej podniecenia niż ukrzyżowanie. Nie jestem w stanie powiedzieć, czy to prawda, jednak przeprowadziłem pewne śledztwo w tej kwestii, więc sam możesz sprawdzić i zobaczyć, czy mam rację.

Józef pochował Jezusa w swoim grobie. Nie umiem stwierdzić, czy rozmyślał nad Jego zmartwychwstaniem. Dzień po tym, jak został pochowany, pewien kapłan przyszedł do pretorium i powiedział, że obawia się, iż uczniowie zamierzają ukraść ciało Jezusa i ukryć je, a następnie sprawić, aby wyglądało jakby Jezus powstał z martwych, jak przepowiedział i o czym byli głęboko przekonani.

Wysłałem go do kapitana gwardii królewskiej (Malkusa), aby zabrał żydowskich żołnierze, rozstawił ich wokół grobu w razie potrzeby. Więc, jakby coś się stało wina leżałaby po ich stronie, a nie po stronie Rzymian.

Kiedy ekscytacja wzmagała się ze względu na to, że grób był pusty, odczuwałem większą troskę niż zazwyczaj. Wysłałem po człowieka o imieniu Islam, który opowiedział mi dokładnie to, co się stało.

Żołnierze zobaczyli piękne światło nad grobem. Najpierw myśleli, że kobiety przyszły nabalsamować ciało Jezusa, ponieważ taki był zwyczaj, jednak nie zauważyli, żeby kobiety obok nich przechodziły. Kiedy takie myśli przechodziły im przez głowę, całe miejsce zostało oświetlone i wydawało się, że otaczają ich tłumy martwych ludzi w ich grobowych szatach.

Wszystko wydawało się niezwykle, słychać było najpiękniejszą muzykę, a powietrze wypełnione było głosami wielbiącymi Boga. Wydawało się, że wszystko unosi się w powietrzu, żołnierze osłabli i nie umieli stać na swoich nogach. Powiedział, że wydawało się, że ziemia płynie mu pod stopami, zmysły opuściły go, więc nie wiedział, co się działo.

W Mat. 27,51-53 czytamy, *„A oto zasłona przybytku rozdarła się na dwoje z góry na dół; ziemia zadrżała i skały zaczęły pękać. Groby się otworzyły i wiele ciał Świętych, którzy umarli, powstało. I wyszedłszy z grobów po Jego zmartwychwstaniu, weszli oni do Miasta Świętego i ukazali się wielu"*, rzymscy żołnierze złożyli identyczne świadectwo.

Po wysłuchaniu świadectwa złożonego przez rzymskich strażników, którzy byli świadkami duchowego fenomenu, Piłat napisał w swoim raporcie, „Jestem prawie gotowy, żeby powiedzieć, że naprawdę to był Syn Boży".

Niezliczone liczba świadków Jezusa

Nie tylko uczniowie Jezusa, którzy służyli Mu w czasie Jego służby na ziemi, stali się świadkami ewangelii Chrystusa. Jak powiedział Jezus w Ewangelii Jana 14,13, *„A o cokolwiek prosić będziecie w imię moje, to uczynię, aby Ojciec był otoczony chwałą w Synu"*, wielu świadków otrzymało Bożą odpowiedź na modlitwę i świadczyło o żyjącym Bogu i Panu Jezusie od chwili zmartwychwstania i wniebowstąpienia.

Ale gdy Duch Święty zstąpi na was, otrzymacie Jego moc i będziecie moimi świadkami w Jerozolimie i w całej Judei, i w Samarii, i aż po krańce ziemi (Dz. Ap. 1,8).

Przyjąłem Jezusa, kiedy zostałem uzdrowiony dzięki Bożej mocy z moich chorób, wobec których medycyna była bezsilna. Później stałem się sługą Jezusa i głoszę ewangelię ludziom, manifestując znaki i cuda.

Jak obiecano w powyższym wierszu, wielu ludzi stało się dziećmi Bożymi dzięki otrzymaniu Ducha Świętego i oddało swoje życie głoszeniu ewangelii Jezusa z mocą Ducha Świętego. W taki właśnie sposób ewangelia rozprzestrzenia się na cały świat i niezliczona liczba osób spotyka żywego Boga i przyjmuje Jezusa.

I rzekł do nich, Idźcie na cały świat i głoście

Ewangelię wszelkiemu stworzeniu! Kto uwierzy i przyjmie chrzest, będzie zbawiony; a kto nie uwierzy, będzie potępiony. Tym zaś, którzy uwierzą, te znaki towarzyszyć będą, w imię moje złe duchy będą wyrzucać, nowymi językami mówić będą; węże brać będą do rąk, i jeśliby co zatrutego wypili, nie będzie im szkodzić. Na chorych ręce kłaść będą, i ci odzyskają zdrowie (Mar. 16,15-18).

Kościół Świętego Grobu na Golgocie, Wzgórze Kalwarii w Jerozolimie

Rozdział 2
Mesjasz wysłany przez Boga

Bóg obiecuje Mesjasza

Izrael tracił suwerenności i często cierpiał z powodu inwazji oraz panowanie takich krajów jak Persja czy Rzym. Dzięki proroctwom Bóg dał wiele obietnic dotyczących Mesjasza, który miał przyjść jako król Izraela. Nie ma większego źródła nadziei dla Izraelitów niż obietnice Boże dotyczące Mesjasza.

Wielkie będzie Jego panowanie w pokoju bez granic na tronie Dawida i nad Jego królestwem, które On utwierdzi i umocni prawem i sprawiedliwością, odtąd i na wieki. Zazdrosna miłość Pana Zastępów tego dokona. Wydał Pan wyrok na Jakuba, i spadł on na Izraela (Iz. 9,6-7).

Oto nadejdą dni – wyrocznia Pana – kiedy wzbudzę Dawidowi Odrośl sprawiedliwą. Będzie panował jako król, postępując roztropnie, i będzie wykonywał prawo i sprawiedliwość na ziemi. W jego dniach Juda dostąpi zbawienia, a Izrael będzie mieszkał bezpiecznie. To zaś będzie imię, którym go będą nazywać, Pan naszą sprawiedliwością (Jer. 23,5-6).

Raduj się wielce, Córo Syjonu, wołaj radośnie, Córo Jeruzalem! Oto Król twój idzie do ciebie, sprawiedliwy i zwycięski. Pokorny – jedzie na osiołku, na oślątku, źrebięciu oślicy. On zniszczy rydwany w Eframie i konie w Jeruzalem, łuk wojenny strzaska w kawałki, pokój ludom obwieści. Jego władztwo sięgać będzie od morza do morza, od brzegów Rzeki aż po krańce ziemi (Zach. 9,9-10).

Izrael czekał na Mesjasza bez przystanku. Co opóźnia przyjście Mesjasza, na którego czeka Izrael? Wielu Żydów pragnie odpowiedzi na to pytanie, jednak odpowiedź można znaleźć w tym, że nie wiedzą oni, iż Mesjasz już przyszedł.

Mesjasz cierpiał tak jak przepowiedział prorok Izajasz

Mesjasz, którego Bóg obiecał Izraelowi i rzeczywiście został wysłany na ziemię to Jezus. Jezus urodził się w Betlejemie Judzkim około 2000 lat temu i kiedy nadeszła Jego godzina, umarł na krzyżu, zmartwychwstał i zapewnił ludzkości drogę zbawienia. Żydzi w Jego czasach nie przyjęli Jezusa jako Mesjasza, na którego czekali, ponieważ wyglądał zupełnie inaczej niż się spodziewali.

Żydzi byli zmęczeni władaniem imperium i spodziewali się, że Mesjasz uwolni ich od jarzma. Myśleli, że Mesjasz przyjdzie jako Król Izraela, zakończy wojny, uwolni ich od prześladowań, da prawdziwy pokój i wywyższy ponad narody.

Jednakże Jezus nie przyszedł na ten świat w splendorze i majestacie, a urodził się jako syn cieśli. Nie przyszedł uwolnić Żydów od władania Rzymian ani odnowić ich chwałę. Przyszedł na świat, aby odnowić ludzkość skazaną na zagładę z powodu grzechu Adama oraz uczynić nas prawdziwymi dziećmi Boga.

Z tego powodu, Żydzi nie uznali Jezusa jako Mesjasza i ukrzyżowali Go. Jeśli przestudiujemy wizerunek Mesjasza zapisany w Biblii, znajdziemy jednak pełne potwierdzenie, że Jezus rzeczywiście był Mesjaszem.

On wyrósł przed nami jak młode drzewo i jakby korzeń z wyschniętej ziemi. Nie miał On wdzięku ani też blasku, aby na Niego popatrzeć, ani wyglądu, by się nam podobał. Wzgardzony i odepchnięty przez ludzi, Mąż boleści, oswojony z cierpieniem, jak ktoś, przed kim się twarze zakrywa, wzgardzony tak, iż mieliśmy Go za nic (Iz. 53,2-3).

Bóg powiedział Izraelitom, że Mesjasz, Król Izraela nie przyjdzie w chwale i majestacie, a Jego wygląd nie będzie przyciągał uwagi, zamiast tego będzie odrzucony i zapomniany. Izraelici – mimo to – nie rozpoznali Jezusa jako Mesjasza, którego obiecał Bóg.

Jezus został odrzucony przez wybrany naród izraelski, jednak Jezus ustanowił Jezusa ponad wszystkie narody aż po dzień dzisiejszy, dzięki temu każdy ma możliwość przyjąć Go jako swojego Zbawiciela.

W Ps. 118,22-23 napisano, *"Kamień odrzucony przez budujących stał się kamieniem węgielnym. Stało się to przez Pana, cudem jest w oczach naszych"*. Zbawienie ludzkości dopełniło się w Jezusie odrzuconym przez Izraelitów.

Jezus nie miał wyglądu Mesjasza, którego spodziewali się Izraelici, jednak z proroctw możemy zrozumieć, że był obiecanym Mesjaszem.

Wszystko, łącznie z chwałą, pokojem i odnową, które obiecał Bóg przez Mesjasza dotyczy duchowej rzeczywistości. Jezus przyszedł na ten świat wypełnić zadanie. Powiedział, „Moje królestwo nie jest z tego świata" (Jan 18,36).

Mesjasz, którego przepowiedział Bóg nie był królem według ziemskiej władzy. Mesjasz nie przyszedł na ziemię, aby dzieci Boże cieszyły się bogactwem, reputacją czy honorami, żyjąc na ziemi. On przyszedł, aby zbawić ludzi od grzechu i poprowadzić ich do wiecznej radości oraz chwały w niebie.

Owego dnia to się stanie, Korzeń Jessego stać będzie na znak dla narodów. Do niego ludy przyjdą po radę, i sławne będzie miejsce jego spoczynku (Iz. 11,10).

Obiecany Mesjasz nie przyszedł jedynie do wybranego narodu, ale aby spełnić obietnicę dla wszystkich, którzy przyjmą

Bożą obietnicę dotyczącą Mesjasza z wiarą postępując krokami Abrahama. Mesjasz przybył, aby wypełnić Bożą obietnicę zbawienia jako zbawiciel wszystkich narodów na ziemi.

Potrzeba Mesjasza dla ludzkości

Dlaczego Mesjasz przyszedł na ziemię nie tylko aby zbawić naród izraelski, ale również całą ludzkość?

W Ks. Rodz. 1,28 Bóg pobłogosławił Adama i Ewę, *„Bądźcie płodni i rozmnażajcie się, abyście zaludnili ziemię i uczynili ją sobie poddaną; abyście panowali nad rybami morskimi, nad ptactwem powietrznym i nad wszystkimi zwierzętami pełzającymi po ziemi".*

Po stworzeniu pierwszego człowieka oraz ustanowieniu go panem wszystkich stworzeń, Bóg dał człowiekowi władzę na ziemią. Jednak kiedy Adam zjadł z drzewa poznania dobra i zła, czego Bóg mu zakazał, i popełnił grzech nieposłuszeństwa, Adam nie mógł już cieszyć się otrzymaną władzą.

Kiedy byli posłuszni słowu Boga, Adam i Ewa byli poddani sprawiedliwości oraz cieszyli się władzą, którą dął im Bóg, jednak kiedy zgrzeszyli, stali się niewolnikami grzechu i diabła, w konsekwencji tracąc władzę (Rzym. 6,16). Stąd, cała władza, którą Adam otrzymał od Boga, została oddana szatanowi.

W Ewangelii Łukasza rozdziale 4 diabeł trzykrotnie kusił Jezusa, który zakończył właśnie 40-dniowy post. Diabeł pokazał Jezusowi królestwa i powiedział, *„Tobie dam potęgę i wspaniałość tego wszystkiego, bo mnie są poddane i mogę je odstąpić, komu chcę. Jeśli więc upadniesz i oddasz mi pokłon, wszystko będzie Twoje"* (Łuk. 4,6-7). Diabeł implikuje, że potęga i wspaniałość zostały mu przekazane od Adama oraz że może je przekazać komuś innemu.

Tak, Adam stracił władzę i przekazał ją diabłu, stając się jego niewolnikiem. Od tamtej pory Adam oddawał grzechy kontroli diabła i znalazł się na ścieżce śmierci, która jest karą za grzech. Nie skończyło się na Adamie, ale dotknęło wszystkich jego potomków, którzy przyjęli piętno grzechu pierwotnego. Znaleźli się pod władzą grzechu i szatana oraz zostali skazani na śmierć.

Taka sytuacja wymaga przyjścia Mesjasza. Nie tylko naród wybrany, ale wszyscy ludzi potrzebują Mesjasza, aby wyzwolił ich z władzy szatana.

Kompetencje Mesjasza

Tak jak na świecie istnieje prawo, w rzeczywistości duchowej również panują zasady i reguły. To, czy ktoś umrze czy otrzyma przebaczenie i dostąpi zbawienia zależy od prawa świata duchowego. Jakie kwalifikacje musi spełnić osoba, aby stać się Mesjaszem i zbawić ludzkość od przekleństwa zakonu? Zasada dotycząca kwalifikacji Mesjasza znajduje się w prawie Bożym i dotyczy odkupienia ziemi.

Nie wolno sprzedawać ziemi na zawsze, bo ziemia należy do Mnie, a wy jesteście u Mnie przybyszami i osadnikami. Dlatego będziecie pozwalać na wykup wszelkich gruntów należących do was. Jeżeli twój brat zubożeje i sprzeda swoją posiadłość, wtedy wystąpi jego najbliższy krewny jako „wykupujący" i odkupi ziemię sprzedaną przez brata (Ks. Kapł. 25,23-25).

Prawo odkupienia ziemi zawiera tajemnicę dotyczącą Mesjasza

Boże naród wybrany stosował się do prawa. Stąd, w trakcie transakcji kupna i sprzedaży ziemi, dokładnie stosowali zasady odkupienia ziemi zapisane w Biblii. W przeciwieństwie do praw dotyczących ziemi w innych krajach, prawo izraelskie jasno określało, że ziemia nie mogła być sprzedawana na stałe, i mogła zostać odkupiona po jakimś czasie. Prawo mówi, że bogaty rodak może odkupić ziemię dla członka swojej rodziny, który ją sprzedał. Jeśli dana osoba nie ma wystarczająco bogatego rodaka, jednak zebrał wystarczająco środków, aby odkupić swoją ziemię, prawa pozwala na to, aby pierwotny właściciel odkupił ziemię.

W jaki sposób prawo odkupienia ziemi związane jest z kwalifikacjami Mesjasza?

Aby lepiej to zrozumieć, musimy wziąć pod uwagę fakt, iż człowiek powstał z prochu ziemi. W Ks. Rodz. 3,19 Bóg powiedział Adamowi, *„W pocie więc oblicza twego będziesz musiał zdobywać pożywienie, póki nie wrócisz do ziemi, z której zostałeś wzięty; bo prochem jesteś i w proch się obrócisz!"* A w Ks. Rodz. 3,23, *„Dlatego Pan Bóg wydalił go z ogrodu Eden, aby uprawiał tę ziemię, z której został wzięty".*

Bóg rzekł Adamowi, „Bo prochem jesteś", a ziemia w sensie duchowym symbolizuje to, że człowiek został ukształtowany z prochu ziemi. Tak więc prawo dotyczące odkupienia ziemi jest bezpośrednio związane z prawem duchowej rzeczywistości dotyczącym zbawienia człowieka.

Zgodnie z prawem odkupienia ziemi, Bóg posiada ziemię, więc człowiek nie może jej na stałe sprzedać. Tym samym, cała władza, jaką Adam otrzymał od Boga pierwotnie należała do Boga i nikt nie mógł jej na stałe oddać. Kiedy ktoś ubożał i sprzedał swoją ziemię, ziemia została odkupiona przez odpowiednią osobę. Podobnie, diabeł musiał zwrócić władzę przekazaną mu przez Adama, kiedy pojawił się człowiek, który mógł tę władzę odkupić.

W oparciu o prawo odkupienia ziemi, Bóg miłości i sprawiedliwości przygotował osobę, która mogła odzyskać władzę, który Adam przekazał diabłu. Tą osobą był Mesjasz, a Mesjasz to Jezus Chrystus, który został wysłany przez samego Boga.

Kwalifikacje Zbawiciela i ich wypełnienie w Chrystusie

Przyjrzyjmy się, dlaczego Jezus jest Mesjaszem i Zbawicielem całej ludzkości w oparciu o prawo odkupienia ziemi.

Po pierwsze, tak jak odkupiciel ziemi musi być rodakiem, zbawiciel musiał być człowiekiem, aby odkupić ludzkość z grzechu, ponieważ ludzie są grzesznikami poprzez grzech pierwszego człowieka Adama. W Ks. Kapł. 25,25 czytamy, *„Jeżeli twój brat zubożeje i sprzeda swoją posiadłość, wtedy wystąpi jego najbliższy krewny jako "wykupujący" i odkupi ziemię sprzedaną przez brata".* Jeśli danej osoby nie stać, aby utrzymać ziemię i sprzedaje ją, jego rodak może ją kupić. Tym samym, ponieważ pierwszy człowiek zgrzeszył i musiał przekazać władzę otrzymaną od Boga szatanowi, odkupienie władzy musiało zostać wykonane przez człowieka – „rodaka".

Jak czytamy w 1 Kor. 15,21, „*Ponieważ bowiem przez człowieka [przyszła] śmierć, przez człowieka też [dokona się] zmartwychwstanie"*, Biblia potwierdza, że odkupienie grzesznika nie mogło nastąpić dzięki aniołom, a jedynie dzięki człowiekowi. Ludzkość kroczyła drogą śmierci z powodu grzechu Adama, więc ktoś inny musiał odkupić ich grzechy, a mógł to być jedynie „rodak" Adama.

Mimo, iż Jezus posiadał ludzką naturę oraz naturę boską jako Syn Boży, narodził się jako człowiek, aby odkupić ludzkość (Jan 1,14) oraz doświadczył wzrostu. Jako człowiek, Jezus spał, odczuwał głód i pragnienie, radość i smutek. Kiedy zawieszono Go na krzyżu, Jezus krwawił i odczuwał ból.

Nawet w kontekście historycznym, jest dowód, iż Jezus przyszedł na świat jako człowiek. Biorąc pod uwagę narodziny Jezusa, historia dzieli się na okres „p.n.e" oraz „n.e". „P.n.e" oznacza „przed naszą erą", a „n.e" oznacza „naszej ery" co odnosi się do czasu, kiedy urodził się Jezus. To oznacza, że Jezus przyszedł na świat jako człowiek, więc spełnia pierwsze wymagania jako Zbawiciel, który przyszedł na świat jako człowiek.

Po drugie, tak jak odkupiciel ziemi nie mógł odkupić ziemi jeśli był biedny, potomek Adama nie mógł odkupić ludzkości z grzechu, ponieważ Adam zgrzeszył i jego potomkowie narodzili się z grzechem pierwotnym. Zbawiciel nie mógł więc być potomkiem Adama.

Jeśli brat chciałby spłacić dług siostry, sam nie może mieć długu. Tak samo, osoba, która miała odkupić ludzkość od grzechu nie mogła mieć grzechu. Gdyby odkupiciel był grzeszny, byłby niewolnikiem grzechu. Jakże mógłby wtedy odkupić innych od grzechu? Kiedy Adam popełnił grzech, jego potomkowie rodzili się z grzechem pierwotnym. Tak więc potomek Adama nie mógł być zbawicielem.

W aspekcie cielesnym, Jezus jest potomkiem Dawida, a jego rodzice to Maria i Józef. W Mat. 1,20 czytamy jednak, „albowiem z Ducha Świętego jest to, co się w Niej poczęło".

Powodem, dla którego każdy człowiek rodzi się grzeszny jest to, że dziedziczy grzeszne cechy poprzez spermę ojca i jajeczko matki. Jednak Jezus nie był poczęty ze spermy Józefa ani jajeczka Marii, lecz dzięki mocy Ducha Świętego, ponieważ Maria zaszła w ciążę zanim ze sobą spali. Bóg może sprawić, aby dziecko zostało poczęte dzięki mocy Ducha Świętego bez użycia spermy i jajeczka.

Jezus w zasadzie „pożyczył" ciało Marii. Ponieważ został poczęty dzięki mocy Ducha, Jezus nie odziedziczył cech grzechu. Ponieważ nie jest potomkiem Adama i nie ma grzechu, spełnia drugi wymóg zbawiciela.

Po trzecie, tak jak odkupiciel ziemi musi być wystarczająco bogaty, zbawiciel ludzkości musi mieć moc, aby pokonać diabła i ocalić ludzkość.

Ks. Kapł. 25,26-27 mówi, „Jeżeli zaś kto nie ma

„*wykupującego*", ale sam zdobędzie dostateczne środki na wykup, to obliczy lata od czasu sprzedaży, zwróci nabywcy gruntu nadwyżkę i wróci do swej posiadłości". Innymi słowy, aby ktoś mógł odkupić ziemię, musi mieć na to środki. Ratowanie więźniów wojennych wymaga mocy, by pokonać wroga, a spłata długu wymaga wystarczających środków. Tym samym, oddanie ludzkości władzy wymaga tego, aby Zbawiciel posiadał moc, aby pokonać diabła i uratować ludzkość.

Przed grzechem, Adam posiadał władzę nad stworzeniami, jednak po grzechu, stał się poddany diabłu. Dzięki temu wiemy, że aby mieć moc do pokonania diabła, musimy być bez grzechu. Jezus Syn Boży był bez grzechu. Ponieważ został poczęty dzięki Duchowi Świętemu i nie był potomkiem Adama, nie miał grzechu pierwotnego. Co więcej, ponieważ przestrzegał prawa, nie popełnił grzechu. Dlatego apostoł Piotr powiedział, „*On grzechu nie popełnił, a w Jego ustach nie było podstępu. On, gdy Mu złorzeczono, nie złorzeczył, gdy cierpiał, nie groził, ale oddawał się Temu, który sądzi sprawiedliwie*" (1 Piotra 2,22-23).

Ponieważ nie miał grzechu, miał moc i władzę, aby pokonać szatana oraz ocalić ludzkość. Znaki i cuda są tego świadectwem. Jezus uzdrawiał chorych, wypędzał demony, przewracał wzrok, słuch oraz leczył chromych. Potrafił nawet uciszyć wzburzone morze oraz wzbudzić z martwych.

To, że Jezus był bez grzechu zostało potwierdzone w

Jego zmartwychwstaniu. Zgodnie z prawem duchowym, na grzeszników czeka śmierć (Rzym. 6,23). Jednak ponieważ Jezus grzechu nie popełnił, nie czekała Go śmierć. Wydał ostatni oddech na krzyżu, a Jego ciało złożono w gronie, jednak trzeciego dnia zmartwychwstał.

Pamiętajmy, że ojcowie wiary jak Enoch i Eliasz zostali uniesieni do nieba żywo i nie doświadczyli śmierci, ponieważ byli bez grzechu i dostąpili uświęcenia. Tak samo, po pogrzebie Jezusa, przełamał On władzę diabła poprzez zmartwychwstanie i stał się zbawicielem ludzkości.

Po czwarte, tak jak odkupiciel ziemi musi kochać, aby odkupić ziemię swojego rodaka, Zbawiciel ludzkości musi kochać ludzi, aby oddać za nich życie.

Nawet gdyby zbawiciel spełnił pierwsze trzy wymogi, ale nie kochał, nie mógłby stać się zbawicielem ludzkości. Gdyby brat miał dług w wysokości $100 000, a jego siostra byłaby milionerką, czy nie kochając go, spłaciłaby jego dług? Bez miłości jej pieniądze nie znaczyłyby dla niego nic.

Jezus przyszedł na świat jako człowiek, który nie był potomkiem Adama, a który miał moc, aby pokonać diabła i ocalić ludzkość, ponieważ nie miał grzechu. Jednak gdyby brakowało Mu miłości, nie odkupiłby ludzkości z grzechu. Odkupienie ludzkości z grzechu oznacza, że za nas przyjął na siebie karę za grzech. Aby Jezus odkupił ludzkość, musiał zostać ukrzyżowany jako grzesznik i cierpieć oraz przelać krew. Ponieważ Jego miłość do ludzi była silna, chciał odkupić ludzkość z grzechu, jednak nie brał pod uwagę śmierci poprzez ukrzyżowanie.

Dlaczego Jezus musiał zostać powieszony na krzyżu i przelać swoją krew? Ks. Powt. Prawa 21,23 mówi, *„trup nie będzie wisiał na drzewie przez noc, lecz tegoż dnia musisz go pogrzebać. Bo wiszący jest przeklęty przez Boga. Nie zanieczyścisz swej ziemi, danej ci przez Pana, Boga twego, w posiadanie"*, oraz ponieważ karą za grzech jest śmierć, Jezus został powieszony na drzewie, aby odkupić ludzkość od przekleństwa grzechu.

Ponadto, w Ks. Kapł. 17,11 czytamy, *„Bo życie ciała jest we krwi, a Ja dopuściłem ją dla was [tylko] na ołtarzu, aby dokonywała przebłagania za wasze życie, ponieważ krew jest przebłaganiem za życie"*, nie ma przebaczenia grzechu bez przelewu krwi.

Oczywiście Ks. Kapł. Mówi nam, że dobra mąką mogła zostać złożona w ofierze Bogu zamiast krwi zwierząt. Jednak niniejsze prawo dotyczyło jedynie osób, których nie było stać na zwierzęta. Nie była to ofiara przyjemna Bogu. Jezus odkupił nas od grzechu poprzez ukrzyżowanie i przelanie krwi. Jakże wspaniała musi być miłość Jezusa, że przelał swoją krew i otworzył ścieżkę zbawienia tym, którzy Go ukrzyżowali, mimo iż uzdrawiał ludzi z chorób i czynił dobro?

W oparciu o prawo odkupienia ziemi, możemy dojść do wniosku, że Jezus spełnia wymogi Zbawiciela, który mógł odkupić ludzkość od grzechu.

Ścieżka zbawienia ludzkości przygotowana przed wiekami

Ścieżka zbawienia ludzkości otwarła się, kiedy Jezus umarł na krzyżu i zmartwychwstał trzeciego dnia. Przyjście Jezusa na świat stało się wypełnieniem obietnicy zbawienia ludzkości. Mesjasz został obiecany ludziom zaraz po tym, jak Adam zgrzeszył. W Ks. Rodz. 3,15 czytamy, *„Wprowadzam nieprzyjaźń między ciebie a niewiastę, pomiędzy potomstwo twoje a potomstwo jej, ono zmiażdży ci głowę, a ty zmiażdżysz mu piętę"*. Kobieta symbolizuje Boży naród wybrany, a wąż – diabła, sprzeciwiającego się Bogu. To, że potomstwo kobiety miażdży głowę węża oznacza, że zbawiciel pokona śmierć i szatana.

Wąż staje się bezsilny, kiedy jego głowa zostaje zraniona. Tak samo, kiedy Bóg powiedział szatanowi, że potomstwo kobiety zdepcze mu głowę, przepowiedział, że z Izraela narodzi się Chrystus i zniszczy władzę diabła oraz ocali grzeszników.

Ponieważ wąż uświadomił sobie swoją sytuację, pragnął zabić potomstwo kobiety zanim mogło uszkodzić jego głowę. Myślał, że może cieszyć się władzą na wieki. Jednak diabeł nie wiedział, kim będzie potomstwo kobiety, dlatego zabijał ludzi wiernych Bogu i proroków już w czasach Starego Testamentu.

Kiedy narodził się Mojżesz, diabeł podsunął faraonowi myśl, by zabijać męskich potomków w Izraelu (Ks. Wyjścia 1,15-22), a kiedy Jezus przyszedł na ziemię, poruszył serce Heroda, aby zabijał chłopców poniżej drugiego roku życia w Betlejemie i okolicy. Dlatego Bóg musiał zadziałać i wyprowadził rodzinę Jezusa do Egiptu.

Po tym jak Jezus dorósł pod opieką Boga, rozpoczął swoją służbę w wieku 30 lat. Zgodnie z Bożą wolą, Jezus przeszedł Galileę, nauczając w synagogach i uzdrawiając ludzi, wzbudzając z martwych i głosząc ewangelię o królestwie.

Diabeł podjudzał kapłanów, uczonych w piśmie i faryzeuszy, aby spiskowali w celu zabicia Jezusa. Jednak nie udało im się nawet tknąć Jezusa aż nadeszła odpowiednia chwila. Dopiero po trzech latach służby udało im się Go aresztować i ukrzyżować jako Zbawiciela ludzkości.

Z powodu nacisków Żydów, rzymski naczelnik Piłat skazał Jezusa na ukrzyżowanie, rzymscy żołnierze włożyli Mu na głowę cierniową koronę i przybili Jego ręce do krzyża.

Ukrzyżowanie było jedną z najokrutniejszych metod kary. O jakże musiał cieszyć się diabeł, gdy udało mu się doprowadzić do ukrzyżowania Jezusa. Myślał, że nikt nie będzie w stanie odebrać mu władzy nad światem, jednak Boża opatrzność była inna.

Lecz głosimy tajemnicę mądrości Bożej, mądrość ukrytą, tę, którą Bóg przed wiekami przeznaczył ku chwale naszej, tę, której nie pojął żaden z władców tego świata; gdyby ją bowiem pojęli, nie ukrzyżowaliby Pana chwały (1 Kor. 2.7-8).

Ponieważ Bóg jest sprawiedliwy, nie wykorzystuje swojej

władzy, aby łamać prawo, lecz czyni wszystko zgodnie z nim. Dlatego zaplanował ścieżkę zbawienia ludzkości przed wiekami zgodnie z prawem Bożym.

Zgodnie z prawem duchowej rzeczywistości „karą za grzech jest śmierć", jeśli człowiek zgrzeszy, nie uniknie śmierci. Jednak ponieważ diabeł ukrzyżował bezgrzesznego Jezusa bez skazy i nagany. Naruszył tym samym prawo rzeczywistości duchowej i musiał zapłacić karę, oddając władzę przekazaną mu w chwili grzechu Adama. Innymi słowy, diabeł został zmuszony do rezygnacji z władzy nad ludźmi, którzy przyjęli Jezusa jako Zbawiciela i uwierzyli w Jego imię.

Gdyby diabeł znał mądrość Boga, nie ukrzyżowałby Jezusa. Jednak nie miał pojęcia o tajemnicy, doprowadził do śmierci Jezus, wierząc, że to zapewni mu władzę na zawsze. W rzeczywistości wpadł we własną pułapkę i przestąpił prawo. Jakże wspaniała jest mądrość Boża.

Okazało się, że diabeł stał się narzędziem w ręku Boga w celu zrealizowania planu zbawienia. Zgodnie z proroctwem jego głowa została zraniona przez potomstwo kobiety.

Dzięki Bożej mądrości i opatrzności, bezgrzeszny Jezus umarł na krzyżu, aby odkupić ludzkość od grzechu i zmartwychwstał dnia trzeciego, zniszczył władzę wroga i stał się królem królów i panem panów. Otworzył drzwi zbawienia, abyśmy stali się usprawiedliwieni dzięki wierze w Chrystusa.

Dlatego, niezliczone rzesze ludzi otrzymują zbawienie dzięki wierze w Jezusa i przyjęciu Go do swojego życia.

Dar Ducha Świętego dzięki wierze w Jezusa

Dlaczego otrzymujemy zbawienie wierząc w Jezusa? Przyjmując Jezusa jako Zbawiciela, otrzymujemy od Boga Ducha Świętego. Wtedy nasze dusze zostają ożywione. Ponieważ Duch Święty jest sercem Boga, prowadzi Jego dzieci do prawdy i pomaga im żyć zgodnie z wolą Bożą.

Dlatego ci, którzy wierzą, że Jezus jest ich Zbawicielem postępują zgodnie ze słowami Ducha Świętego i słowa Bożego. Wyzbędą się nienawiści, gwałtowności, zazdrości, osądzania i potępiania innych, cudzołóstwa i będą chodzić w dobrotliwości i prawdzie, rozumiejąc, służąc oraz kochając innych.

Kiedy Adam zgrzeszył, duch ludzki zmarł, a człowiek stanął na drodze zniszczenia. Jednak kiedy otrzymujemy Ducha Świętego, nasz duch zostaje ożywiony i poszukujemy Boga oraz słowa prawdy, stopniowo stając się ludźmi prawdy, odzyskujemy obraz Boga.

Kiedy chodzimy z Bogiem, nasza wiara staje się prawdziwą wiarą, a dzięki krwi Chrystusa oczyszczającej nasze grzechy, czynimy uczynki wiary i możemy otrzymać zbawienia. Z tego powodu w 1 Jana 1,7 czytamy, *„Jeżeli zaś chodzimy w światłości, tak jak On sam trwa w światłości, wtedy mamy jedni z drugimi współuczestnictwo, a krew Jezusa, Syna Jego, oczyszcza nas z wszelkiego grzechu".*

Właśnie w taki sposób możemy zyskać zbawienie dzięki

wierze i przebaczeniu grzechów. Jednakże, jeśli chodzimy w grzechu, mimo iż wyznajemy naszą wiarę, takie wyznanie jest kłamstwem i krew Chrystusa nie może nas odkupić, ani zapewnić zbawienia.

Oczywiście, inaczej sytuacja wygląda w przypadku osób, które dopiero przyjęły Jezusa. Nawet jeśli jeszcze nie chodzą w prawdzie, Bóg zbada ich serca, wierząc, że zmienią się i poprowadzi ich do zbawienia, jeśli tylko pragną maszerować w kierunku prawdy.

Jezus wypełnieniem proroctw

Boże słowo o Mesjaszu przepowiedziane przez proroków wypełniło się w Jezusie. Każdy aspekt życia Jezusa, od urodzenia, poprzez służbę aż do śmierci na krzyżu i zmartwychwstania były opatrznością Bożą, aby Jezus stał się Mesjaszem i Zbawicielem ludzkości.

Jezus narodzony w dziewicy w Betlejemie

Bóg przepowiedział narodziny Jezusa poprzez Proroka Izajasza. We właściwym czasie moc Boża zstąpiła na kobietę o imieniu Maria, mieszkającą w Nazarecie w Galilei, i Maria zaszła w ciążę.

Dlatego Pan sam da wam znak, Oto Panna pocznie i porodzi Syna, i nazwie Go imieniem Emmanuel (Iz. 7,14).

Bóg obiecał narodowi izraelskiemu, że „nie zakończy się linia królów w domu Dawida". Mesjasz przyszedł na ziemię z kobiety o imieniu Maria, która miała poślubić Józefa, potomka Dawida. Jako potomek Adama narodzony z grzechem pierwotnym, Jezus nie mógłby odkupić człowieka z grzechu, jednak Bóg wypełnił proroctwo, a Maria dziewica urodziła Jezusa zanim wyszła za Józefa.

A ty, Betlejem Efrata, najmniejsze jesteś wśród plemion judzkich! Z ciebie mi wyjdzie Ten, który będzie władał w Izraelu, a pochodzenie Jego od początku, od dni wieczności (Mich. 5,1).

Biblia przepowiedziała, że Jezus narodzi się w Betlejem. I tak właśnie się stało – w Judei za czasów panowania króla Heroda (Mat. 2,1).

Historia potwierdza to wydarzenie. Kiedy Jezus narodził się, król Herod obawiał się o swój tron i próbował zabić Jezusa. Jednak, ponieważ nie mógł znaleźć dziecka, zabił wszystkich małych chłopców w Betlejemie i okolicy, więc cały obszar pełen był jęków i płaczu.

Skoro Jezus nie przyszedł na tę ziemię jako prawdziwy król Żydowski, dlaczego Herod poświęcił życie tylu dzieci? Ponieważ diabeł, który pragnął zabić Mesjasza w lęku o utratę władzy, poruszył serce króla, który sam obawiał się utracić koronę i popełnił okrucieństwo.

Jezus świadczył o żywym Bogu

Przed rozpoczęciem służby Jezus zachowywał prawo przez 30 lat swojego życia. Kiedy dojrzał i mógł zostać kapłanem, rozpoczął swoją służbę, by stać się Mesjaszem jako zaplanowano przed wiekami.

Duch Pana Boga nade mną, bo Pan mnie namaścił. Posłał mnie, by głosić dobrą nowinę ubogim, by opatrywać rany serc złamanych, by zapowiadać wyzwolenie jeńcom i więźniom swobodę; aby obwieszczać rok łaski Pańskiej, i dzień pomsty naszego Boga; aby pocieszać wszystkich zasmuconych, <by rozweselić płaczących na Syjonie>, aby im wieniec dać zamiast popiołu, olejek radości zamiast szaty smutku, pieśń chwały zamiast zgnębienia na duchu. Nazwą ich terebintami sprawiedliwości, szczepieniem Pana dla Jego rozsławienia (Iz. 61,1-3).

Jak czytamy w powyższym proroctwie, Jezus rozwiązywał problemy życiowe dzięki mocy Bożej i pocieszał utrudzonych. Kiedy nadszedł czas, poszedł do Jerozolimy, aby przejść drogę krzyżową.

Raduj się wielce, Córo Syjonu, wołaj radośnie, Córo Jeruzalem! Oto Król twój idzie do ciebie, sprawiedliwy i zwycięski. Pokorny – jedzie na osiołku, na oślątku, źrebięciu oślicy (Zach. 9,9).

Zgodnie z proroctwem Zachariasza, Jezus wjechał do Jerozolimy na osiołku. Tłumy krzyczały, „*Hosanna Synowi*

Dawida! *Błogosławiony Ten, który przychodzi w imię Pańskie! Hosanna na wysokościach!"* (Mat. 21,9), i w całym mieście panowało podniecenie. Ludzie cieszyli się, ponieważ Jezus czynił znaki i cuda, chodząc po wodzie i wzbudzając z martwych. Jednak szybko ten sam tłum zdradził Go i ukrzyżował.

Kiedy zobaczyli, jak wielkie tłumy podążały za Jezusem, aby słuchać Jego słowa i wiedzieć Jego moc, kapłani, faryzeusze i uczeni w piśmie odczuli, że ich pozycja jest zagrożona. Z zazdrości zaplanowali zabicie Go. Przygotowali wszelkie fałszywe dowody przeciwko Jezusowi oraz oskarżyli Go, oszukując ludzi. Jezus pokazywał dzieła Boże, które nie mogłyby mieć miejsca, gdyby nie był Bogiem, a jednak próbowano się Go pozbyć.

W końcu nawet uczniowie Jezusa zdradzili Go, a kapłani zapłacili trzydzieści srebrników, aby Go aresztować. W Ks. Zachariasza czytamy o tym następujące słowa, *„Potem zwróciłem się do nich, Jeżeli to uznacie za słuszne, dajcie mi zapłatę, a jeżeli nie – zostawcie ją sobie! I odważyli mi trzydzieści srebrników. Jednak Pan rzekł do mnie, Wrzuć do skarbony tę nadzwyczajną zapłatę, której w ich przekonaniu byłem godzien. Wziąłem więc trzydzieści srebrników i wrzuciłem je do skarbony domu Pańskiego"* (Zach. 11,12-13).

Później człowiek, który zdradził Jezusa za 30 srebrników nie był w stanie pokonać poczucia winy, wrzucił srebrniki do świątyni, a kapłani wydali je na zakup ziemi garncarza (Mat.27,3-10).

Cierpienie i śmierć Jezusa

Jak przepowiedział prorok Izajasz, Jezus cierpiał, aby zbawić ludzi. Ponieważ przyszedł na ziemie, aby odkupić ludzi z grzechu, został ukrzyżowany i zmarł jako symbol przekleństwa i został poświęcony Bogu jako ofiara za ludzi.

Lecz On się obarczył naszym cierpieniem, On dźwigał nasze boleści, a myśmy Go za skazańca uznali, chłostanego przez Boga i zdeptanego. Lecz On był przebity za nasze grzechy, zdruzgotany za nasze winy. Spadła Nań chłosta zbawienna dla nas, a w Jego ranach jest nasze zdrowie. Wszyscyśmy pobłądzili jak owce, każdy z nas się obrócił ku własnej drodze, a Pan zwalił na Niego winy nas wszystkich. Dręczono Go, lecz sam się dał gnębić, nawet nie otworzył ust swoich. Jak baranek na rzeź prowadzony, jak owca niema wobec strzygących ją, tak On nie otworzył ust swoich. Po udręce i sądzie został usunięty; a kto się przejmuje Jego losem? Tak! Zgładzono Go z krainy żyjących; za grzechy mego ludu został zbity na śmierć. Grób Mu wyznaczono między bezbożnymi, i w śmierci swej był [na równi] z bogaczem, chociaż nikomu nie wyrządził krzywdy i w Jego ustach kłamstwo nie postało. Spodobało się Panu zmiażdżyć Go cierpieniem. Jeśli On wyda swe życie na ofiarę za grzechy, ujrzy potomstwo, dni swe przedłuży, a wola Pańska spełni się przez Niego (Iz. 53,4-10).

W czasach Starego Testamentu krew zwierząt była ofiarowana Bogu za popełnione grzechy. Jezus przelał swoją czystą krew, w której nie było ani grzechu pierwotnego ani popełnionego, i złożył ofiarę za wszystkie grzechy, aby człowiek mógł otrzymać przebaczenie i żyć wiecznie (Hebr. 10,11-12). Dzięki temu otworzył drogę przebaczenie grzechów i zbawienia dzięki wierze w Jezusa, tak że nie musimy już więcej poświęcać krwi zwierząt.

Kiedy Jezus wydał ostatnio oddech na krzyżu, zasłona w świątyni przerwała się na dwie części od góry do dołu (Mat. 27,51). Była to wielka zasłona oddzielające miejsce święte od najświętszego w świątyni. Zwykli ludzie nie mieli tam wstępu, A jedynie najwyższy kapłan mógł wejść do miejsca najświętszego raz w roku.

Fakt, że zasłona przerwała się na dwie części z góry do dołu symbolizuje to, że kiedy Jezus poświęcił się jako przebłaganie, zniszczył mur grzechu między Bogiem a nami. W czasach Starego Testamentu, najwyższy kapłan składał ofiarę, aby Bóg odpuścił grzechy Izraela i modlił się do Boga w ich imieniu. Teraz, ponieważ mur grzechu został zniszczony, sami możemy komunikować się z Bogiem. Innymi słowy, każdy kto wierzy w Jezusa może wejść do świątyni Boga i oddawać Mu cześć oraz modlić się.

Dlatego w nagrodę przydzielę Mu tłumy, i posiądzie możnych jako zdobycz, za to, że Siebie na śmierć ofiarował i policzony został pomiędzy przestępców. A On poniósł grzechy wielu, i oręduje za przestępcami (Iz. 53,12).

Jak zapisał prorok Izajasz na temat cierpienia i ukrzyżowania Mesjasza, Jezus zmarł na krzyżu za grzechy ludzkości i został zaliczony do przestępców. Nawet gdy umierał na krzyżu, prosił Boga o przebaczenie tym, którzy Go krzyżowali.

Ojcze, przebacz im, bo nie wiedzą, co czynią (Łuk. 23,34).

W Psalmie czytamy proroctwo, które wypełniło się, *„Strzeże On wszystkich jego kości, ani jedna z nich nie ulegnie złamaniu"* (Ps. 34,20). Również w Ewangelii Jana 19,32-33 czytamy wypełnienie proroctwa, *„Przyszli więc żołnierze i połamali golenie tak pierwszemu, jak i drugiemu, którzy z Nim byli ukrzyżowani. Lecz gdy podeszli do Jezusa i zobaczyli, że już umarł, nie łamali Mu goleni".*

Jezus wypełnia swoją służbę, aby stać się Mesjaszem

Jezus zaniósł grzechy ludzkości na krzyż i umarł jako ofiara za grzech, jednak wypełnienie proroctwa o zbawieniu nie miało miejsca poprzez śmierć Jezusa.

W Ps. 16,10 czytamy, *"bo nie pozostawisz mojej duszy w Szeolu i nie dozwolisz, by wierny Tobie zaznał grobu"*, a w Ps.

118,17, *„Nie umrę, lecz będę żył i głosił dzieła Pańskie"*. Jezus zmartwychwstał trzeciego dnia, a Jego ciało nie zniszczało.

W Ps. 68,18-19 czytamy dalsze słowa proroctwa, *„Rydwanów Bożych jest tysiące tysięcy, to Pan do świątyni przybywa z Synaju. Wstąpiłeś na wyżynę, wziąłeś jeńców do niewoli, przyjąłeś ludzi jako daninę, nawet opornych – do Twej siedziby, Panie!"*. Jezus wstąpił do nieba i czeka, aby zakończyć kształtowanie życie ludzkiego oraz poprowadzić swoich ludzi do nieba.

Łatwo zauważyć, jak wszystkie proroctwa dotyczące Mesjasza dokładnie wypełniły się w osobie Jezusa Chrystusa.

Śmierć Jezusa oraz proroctwa dotyczące Izraela

Boże naród wybrany nie rozpoznał Mesjasza w Jezusie. Jednak, Bóg nie porzucił swojego ludu i zaoferował im ścieżkę zbawienia.

Nawet poprzez ukrzyżowanie Jezusa Bóg ukazał przyszłość Izraela, a z powodu swojej wielkiej miłości do nich, Bóg wysłał Mesjasza, aby dać im możliwość zbawienia.

Cierpienie Izraelitów, którzy ukrzyżowali Jezusa

Mimo, że Poncjusz Piłat skazał Jezusa na ukrzyżowanie, to Żydzi przekonali go do podjęcia tej decyzji. Piłat był świadomy, że nie było podstaw, aby zabić Jezusa, jednak tłum naciskał, krzyczał i wszczął zamieszki.

Zatwierdzając decyzję o ukrzyżowaniu Jezusa, Piłat umył ręce i powiedział, „Nie jestem winny krwi tego Sprawiedliwego. To wasza rzecz" (Mat. 27,24). Tłum krzyczał zaś, „Krew Jego na nas i na nasze dzieci" (Mat. 27,25).

W 70 n.e. Jerozolima została zdobyta przez Tytusa. Świątynia została zniszczona, a ci, którzy przetrwali zostali zmuszeni do opuszczenia swojej ojczyzny i rozproszyli się po świecie. Tak rozpoczęła się diaspora, która trwała przez prawie 2000 lat. Prześladowania, które w tym czasie przeszli Żydzi są niemożliwe do opisania.

Wraz z upadkiem Jerozolimy około 1,1 miliona Żydów zostało zabitych, a w czasie II Wojny Światowej około sześć milionów Żydów zostało zmasakrowanych przez nazistów. Byli zabijani i rozbierani na podobieństwo ukrzyżowania Jezusa, który również został ukrzyżowany nago.

Oczywiście, z perspektywy Żydów, może to wyglądać tak, że ich cierpienie nie jest wynikiem ukrzyżowania Jezusa. Patrząc na historią Izraela, można łatwo zauważyć, że lud chroniony był przez Boga i błogosławiony, gdy żył zgodnie z wolą Boga. Kiedy oddalali się od Boga, przechodzili przez doświadczenia i próby.

Cierpienie Żydów miało swój powód. Gdyby ukrzyżowanie Jezusa było właściwe w oczach Bożych, dlaczego Bóg pozostawił był Izraelitów samych w cierpieniu przez tak długi czas?

Szaty Jezusa oraz przyszłość Izraela

Jeszcze inna sytuacja przyćmiła rzeczy, które miały miejsce podczas ukrzyżowania Jezusa. W Psalmie 22,19 czytamy, *„moje szaty dzielą między siebie i los rzucają o moją suknię",* rzymscy żołnierze zabrali szaty Jezusa i podzielili na cztery części, każda dla innego żołnierze, a następnie rzucali o nie losy.

W jaki sposób niniejsze wydarzenie związane jest z przyszłością Izraela? Ponieważ Jezus jest królem żydowskim, Jego szata symbolizuje Boży lud wybrany, stan Izraela i ludu. Kiedy szaty zostały podzielone na cztery części oznaczało to zniszczenie państwa Izrael. Jednakże, ponieważ materiał szaty pozostał, wydarzenie to oznaczało również, że mimo iż kraj zostanie zniszczony, nazwa narodu pozostanie.

Jakie jest znaczenie faktu, iż żołnierze rzymscy zabrali szatę Jezusa i podzielili na cztery części? Oznacza to, że lud izraelski zostanie zniszczony przez Rzymian i rozproszony. Niniejsze proroctwo wypełniło się w upadku Jerozolimy oraz zniszczeniu kraju, co doprowadziło do rozproszenia Żydów po całym świecie.

W Janie 19,23 czytamy, „Tunika zaś nie była szyta, ale cała tkana od góry do dołu". Fakt, że tunika nie była szyta oznacza, że nie miała warstw zszytych razem, aby tworzyć jedną część.

Większość ludzi nie zastanawia się, w jaki sposób zszywane są ich ubrania. Dlaczego więc Biblia opisuje taki szczegół? Jest to proroctwo dla narodu izraelskiego.

Tunika Jezusa symbolizuje serce narodu izraelskiego, serce z jakiego służyli Bogu. Fakt, iż tunika nie była szyta oznacza, że serce Izraela w stosunku do Boga trwało od czasów praojca Jakuba i nie wahało się w żadnych okolicznościach.

Dwanaście pokoleń od czasów Abrahama, Jakuba i Izaaka tworzyło naród i lud izraelski, który trwał w czystości jako naród, który nie bratał się z poganami. Po rozpadzie Królestwa Izraela na północy oraz Królestwa Judy na południu, ludzie z północy brali ślub z poganami, jednak ludzie z południa pozostali czyści.

Nawet dziś, Żydzi zachowują swoją tożsamość, która cofa się aż do czasów praojców wiary.

Dlatego, mimo iż szaty Jezusa zostały porwane na kawałki, Jego tunika pozostała w całości, a to oznacza, że mimo iż Izrael jako kraj został zniszczony, serce narodu w stosunku do Boga oraz ich wiara nie zostały unicestwione.

Ponieważ mają niezmienne serca, Bóg wybrał ich jako naród wybrany i przez nich realizuje swój plan oraz wolę aż do dnia dzisiejszego. Nawet po tysiącach lat, ludzie Izraela przestrzegają prawa, Ponieważ odziedziczyli niezmienne serc Jakuba.

W konsekwencji prawie 1900 lat po tym, jak stracili swój kraj, Żydzi zaszokowali cały świat ogłaszając niepodległość oraz odnowę państwa 14 maja 1948 roku.

Zabiorę was spośród ludów, zbiorę was ze wszystkich krajów i przyprowadzę was z powrotem do waszego kraju (Ez. 36,24).

Wtedy będziecie mieszkać w kraju, który dałem waszym przodkom, i będziecie moim ludem, a Ja będę waszym Bogiem (Ez. 36,28).

Jak przepowiedziano w Starym Testamencie: „*zbiorę was ze wszystkich krajów i przyprowadzę was z powrotem do waszego kraju*", lud izraelski zaczął zjeżdżać do Palestyny i ustanowił kraj (Ez. 38,8). Co więcej rozwijając się w jedno z najpotężniejszych krajów świata, państwo izraelskie ponownie udowodniło swoją wagę jako kraj.

Bóg pragnie przygotować naród izraelski na powrót Jezusa

Bóg pragnie, aby odnowiony Izrael oczekiwał i przygotował się na powrót Mesjasza. Jezus przybył do Izraelitów około 2000 lat temu, wypełnił plan zbawienia i stał się Zbawicielem. Kiedy wstąpił do nieba, obiecał powrócić, a teraz Bóg pragnie, aby Jego dzieci czekały na powrót Jezusa z wiarą.

Kiedy Mesjasz powróci, nie narodzi się w stajence ani nie będzie cierpiał z powodu ukrzyżowania tak jak tysiące lat temu. Przybędzie z zastępami aniołów jako król królów i pan panów w chwale Bożej.

Oto nadchodzi z obłokami, i ujrzy Go wszelkie oko i wszyscy, którzy Go przebili. I będą Go opłakiwać wszystkie pokolenia ziemi. Tak: Amen (Ap. 1,7).

Kiedy nadejdzie czas, wszyscy ludzie – wierzący i niewierzący zobaczą powrót Pana. Wszyscy ci, którzy uwierzyli w Jezusa zostaną uniesieni w powietrze i wezmą udział w weselu Baranka, natomiast inni pozostaną na ziemi.

Ponieważ Bóg stworzył pierwszego człowieka Adama i rozpoczął kształtowanie ludzi na ziemi, kiedy nastąpi zakończenie. Tak, jak farmer sieje i zbiera plony, tak samo nadejdzie czas plonów ludzkości. Zakończeniem będzie powtórne przyjście Jezusa.

W Ap. 22,7 czytamy: „*A oto niebawem przyjdę. Błogosławiony, kto strzeże słów proroctwa tej księgi*". Żyjemy w czasach ostatecznych. W swojej niezmierzonej miłości do Izraela, Bóg oświeca lud poprzez historię tak, aby przyjęli Mesjasza. Bóg pragnie, aby nie tylko Izraelici, ale cała ludzkość przyjęła Jezusa zanim nastąpi koniec.

Biblia Hebrajska, znana chrześcijanom jako Stary Testament

Rozdział 3
Bóg, w którego wierzy Izrael

Prawo i tradycje

Podczas gdy Bóg prowadził naród izraelski z Egiptu do ziemi obiecanej, zstąpił na Górę Synaj. Pan Bóg zawołał Mojżesza do siebie i powiedział mu, że kapłani powinni poświęcić się, kiedy przychodzą do Boga. Ponadto, dał ludowi Dziesięć Przykazań i inne prawa.

Kiedy Mojżesz oficjalnie przekazał słowa Boga ludowi, lud jednogłośnie odpowiedział: *„Wszystkie słowa, jakie powiedział Pan, wypełnimy"* (Ks. Wyjścia 24,3). Jednak kiedy Mojżesz był na Górze Synaj, ludzie poprosili Aarona, aby zrobił im cielca i popełnili grzech bałwochwalstwa.

Jak to możliwe, że byli narodem wybranym przez Boga i popełnili tak okropny grzech? Wszyscy ludzie od Adama, którzy popełnili grzech nieposłuszeństwa są potomkami Adama i urodzili się z grzeszną naturą. Są skazani na grzech dopóki nie uświęca swojego serca. Dlatego Bóg zesłał swojego Syna i tylko dzięki Jego ukrzyżowaniu otworzył możliwość przebaczenia grzechów dla ludzkości.

Dlaczego w taki razie Bóg dał ludziom prawo? Dziesięć

Przykazań, które Bóg dał człowiekowi przez Mojżesza – zasady i polecenia – nazwane zostały prawem.

Dzięki prawu Bóg prowadził ich do ziemi mlekiem i miodem płynącej

Powodem i celem, dla którego Bóg dał Izraelowi prawo podczas wyjścia w Egiptu jest to, aby cieszyli się błogosławieństwami, dzięki którym mogli wejść do Ziemi Kananejskiej opływającej w mleko i miód. Ludzie otrzymali prawo bezpośrednio od Mojżesza, jednak nie zachowywali przykazań Bożych i popełniali grzechy bałwochwalstwa i cudzołóstwa. W końcu większość z nich umarła w czasie 40-letniej wędrówki po pustyni.

Księga Powtórzonego Prawa została zapisana zgodnie z ostatnimi słowami Mojżesza i skupia się na Bogu i prawu. Kiedy większość w pierwszego pokolenia Izraelitów po wyjściu z Egiptu (oprócz Jozuego i Kaleba) zmarło i nadszedł właściwy czas, Mojżesz zachęcał drugie i trzecie pokolenie, aby kochało Boga i przestrzegało Jego przykazań.

A teraz, Izraelu, czego żąda od ciebie Pan, Bóg twój? Tylko tego, byś się bał Pana, Boga swojego, chodził wszystkimi Jego drogami, miłował Go, służył Panu, Bogu twemu, z całego swojego serca i z całej swej duszy, strzegł poleceń Pana i Jego praw, które ja ci podaję dzisiaj dla twego dobra (Ks. Powt. Pr. 10,12-13).

Bóg dał im prawo, ponieważ chciał, aby chętnie byli Mu posłuszni i potwierdzili miłość do Boga poprzez posłuszeństwo. Bóg nie dał im prawa, aby ich ograniczać, ale chciał, aby zaakceptowali w swoich sercach posłuszeństwo i dostąpili błogosławieństw.

Niech pozostaną w twym sercu te słowa, które ja ci dziś nakazuję. Wpoisz je twoim synom, będziesz o nich mówił przebywając w domu, w czasie podróży, kładąc się spać i wstając ze snu. Przywiążesz je do twojej ręki jako znak. Niech one ci będą ozdobą przed oczami. Wypisz je na odrzwiach swojego domu i na twoich bramach (Ks. Powt. Pr. 6,6-9).

W tych wersetach Bóg mówi im, jak przestrzegać prawa w sercu, nauczać i praktykować. Poprzez wieki, przykazania i polecenia Boże zapisane w Księgach Mojżesza są zapamiętywane i zachowywane, jednak nadmiernie okazywane jest skupienie na obserwowaniu prawa.

Prawo oraz tradycje starszych

Na przykład, prawo nakazywało, że Sabat powinien być święcony, a starci dodali szczegółowe tradycje, które przekształciły się, jak na przykład zakaz używania drzwi automatycznych, wind oraz schodów, otwierania listów biznesowych, paszportów i innych dokumentów. Jak to się stało, że pojawiły się takie tradycje?

Kiedy zniszczono Świątynię Boga, a lud izraelski został wzięty do niewoli babilońskiej, Izraelici myśleli, że stało się tak z powodu ich nieposłuszeństwa. Musieli służyć Bogu we właściwy sposób i stosować prawo w sytuacjach, które zmieniały się z czasem, więc wymyślili wiele szczegółowych zasad.

Niniejsze zasady zostały ustalone w celu pełnego służenia Bogu. Innymi słowy, ustalili wiele dokładnych zasad, które określały każdy aspekt życia, aby mogli przestrzegać prawa każdego dnia.

Czasami dokładne zasady odgrywały rolę chroniącą prawo. Jednak, z czasem ludzie zatracili prawdziwe znaczenie prawa i przykładali większą wagę do zewnętrznego zachowywania prawa. W ten sposób odeszli od prawdziwego znaczenia prawa.

Bóg widzi i przyjmuje każdego, kto zachowuje prawo, a nie zwraca szczególnej uwagi na zewnętrzne wyrażanie prawa poprzez uczynki. Ustalił prawo, aby odszukać tych, którzy naprawdę Go kochają i błogosławić tym, którzy są posłuszni. Mimo, że wielu ludzi w Starym Testamencie wydawało się zachowywać prawo, było też wielu, którzy je łamali.

Niechby ktoś spośród was raczej zamknął drzwi [świątyni], byście nie zapalali świateł na ołtarzu moim nadaremnie. Nie mam Ja upodobania do was, mówi Pan Zastępów, ani Mi nie jest miła ofiara z waszej ręki (Mal. 1,10).

Kiedy uczeni w piśmie i starci knuli przeciw Jezusowi i potępili Jego uczniów, nie było to spowodowane tym, że Jezus i uczniowie nie przestrzegali prawa, a ponieważ naruszali tradycje starszych. Zostało to opisane w ewangelii Mateusza.

Dlaczego Twoi uczniowie postępują wbrew tradycji starszych? Bo nie myją sobie rąk przed jedzeniem (Mat. 15,2).

W tym czasie Jezus oświecił ich, że to nie przykazania Boże były łamane, lecz tradycje starszych. Oczywiście, ważne jest, aby obserwować prawo w działaniu, jednak o wiele ważniejsze jest to, aby uświadomić sobie prawdziwą wolę Bożą określoną w prawie. Jezus powiedział im:

On im odpowiedział: Dlaczego i wy przestępujecie przykazanie Boże dla waszej tradycji? Bóg przecież powiedział: Czcij ojca i matkę oraz: Kto złorzeczy ojcu lub matce, niech śmierć poniesie. Wy zaś mówicie: Kto by oświadczył ojcu lub matce: Darem [złożonym w ofierze] jest to, co dla ciebie miało być wsparciem ode mnie, ten nie potrzebuje czcić swego ojca ni matki. I tak ze względu na waszą tradycję znieśliście przykazanie Boże (Mat. 15,3-6).

Dalej Jezus mówi:

Obłudnicy, dobrze powiedział o was prorok Izajasz: Ten lud czci Mnie wargami, lecz sercem swym daleko jest ode Mnie. Ale czci mnie na próżno, ucząc zasad podanych przez ludzi (Mat. 15,7-9).

Kiedy Jezus przywołał do siebie tłum, rzekł im:

Słuchajcie i chciejcie zrozumieć. Nie to, co wchodzi do ust, czyni człowieka nieczystym, ale co z ust wychodzi, to go czyni nieczystym (Mat. 15,10-11).

Dzieci Boga powinny szanować rodziców, tak jak napisano w Dziesięciu Przykazaniach. Jednak faryzeusze nauczali, że dzieci, które służyły i czciły swoich rodziców dzięki swojemu posiadaniu mogą zostać zwolnione ze swojego obowiązku, jeśli oddadzą swoje posiadanie Bogu. Stworzyli tak wiele zasad na temat szczegółów codziennego życia, że poganie nie ośmielili się nawet zachowywać wszystkich tradycji starszych. Sądzili, że czynią dobrze jako wybrany naród Boży.

Bóg, w którego wierzy Izrael

Kiedy Jezus uzdrawiał chorych w Sabat, faryzeusze potępili Go za łamanie Sabatu. Pewnego dnia Jezus wszedł do synagogi i obserwował człowieka, któremu uschła ręka, stojącego przed faryzeuszami. Jezus pragnął ich obudzić i zapytał:

> *Co wolno w szabat: uczynić coś dobrego czy coś złego? Życie ocalić czy zabić?* (Mar. 3,4)
>
> *Kto z was jeśli ma jedną owcę, i jeżeli mu ta w dół wpadnie w szabat, nie chwyci i nie wyciągnie jej? O ileż ważniejszy jest człowiek niż owca. Tak więc wolno jest w szabat dobrze czynić* (Mat. 12,11-12).

Ponieważ faryzeusze byli wypełnieni ramami prawo ukształtowanymi poprzez tradycje starszych i egoistyczne myśli oraz styl życia, nie uświadomili sobie Bożej woli zawartej w prawie, nie rozpoznali Jezusa, który przyszedł na ziemię jako Zbawiciel.

Jezus często wskazywał im i zachęcał do skruchy oraz odwrócenia się od złych uczynków. Zwracał się do nich, ponieważ zaniedbywali prawdziwy cel Bożego prawa, zmieniali je oraz skupiali się na tym, co zewnętrzne.

Biada wam, uczeni w Piśmie i faryzeusze,

obłudnicy! Bo dajecie dziesięcinę z mięty, kopru i kminku, lecz pomijacie to, co ważniejsze jest w Prawie: sprawiedliwość, miłosierdzie i wiarę. To zaś należało czynić, a tamtego nie opuszczać (Mat. 23,23).

Biada wam, uczeni w Piśmie i faryzeusze, obłudnicy! Bo dbacie o czystość zewnętrznej strony kubka i misy, a wewnątrz pełne są zdzierstwa i niepowściągliwości (Mat. 23,25).

Lud izraelski, znajdujący się pod władaniem Rzymian, wyobrażał sobie, że Mesjasz przyjdzie w wielkiej mocy i będzie w stanie uwolnić ich z ręki oprawców, oraz będzie panował nad wszystkimi narodami.

Natomiast narodził się człowiek w rodzinie stolarza, który spędzał czas z odrzuconymi, chorymi i grzesznikami; nazywał Boga „ojcem" i twierdził, że jest "światłością świata". Kiedy potępił ich za ich grzechy – tych, którzy zachowywali prawo zgodnie z własnymi standardami i uważali się za sprawiedliwych – poczuli się poniżeni i zranieni, więc ukrzyżowali Go bez powodu.

Bóg pragnie, abyśmy mieli miłość i przebaczenie

Faryzeusze obserwowali zasady judaizmu i pielęgnowali zwyczaje i tradycje w ich życiu. Tych, którzy zbierali podatni dla

Rzymian traktowali jak grzeszników i unikali ich.

W Ewangelii Mat. 9,10 czytamy, że Jezus siedział przy stole w domu poborcy podatków o imieniu Mateusz, oraz wielu innych poborców i grzeszników. Kiedy faryzeusze zobaczyli to, powiedzieli Jego uczniom: „Dlaczego wasz nauczyciel jada z poborcami podatków oraz grzesznikami?". Kiedy Jezus usłyszał, że potępiają Jego uczniów, wyjaśnił im charakter Boga. Bóg daje swoją miłość i miłosierdzie każdemu, kto wyraża skruchę i odwraca się od grzechu.

W Mateuszu 9,12-13 czytamy: *„On, usłyszawszy to, rzekł: Nie potrzebują lekarza zdrowi, lecz ci, którzy się źle mają. Idźcie i starajcie się zrozumieć, co znaczy: Chcę raczej miłosierdzia niż ofiary. Bo nie przyszedłem powołać sprawiedliwych, ale grzeszników".*

Kiedy zło ludzi mieszających w Niniwie sięgnęło nieba, Bóg pragnął zniszczyć miasto. Jednak, zanim to uczynił, posłał proroka Jonasza, aby mieli możliwość skruszyć się. Ludzi pościli i żałowali za grzechy, a Bóg zdecydował, że nie zniszczy miasta. Jednakże, faryzeusze uważali, że każdy kto łamał prawo musiał być osądzony. Najważniejszą częścią prawa jest niezmienna miłość i przebaczenie, jednak faryzeusze myśleli, że osąd jest bardziej właściwy i wartościowy niż przebaczenie i miłość.

Tak samo, kiedy my nie rozumiemy charakteru Boga, który dał nam prawo, jesteśmy zmuszeni osądzać wszystko w naszych myślach i na podstawie naszych teorii, a takie osądy są złe i nie podobają się Bogu.

Prawdziwy cel, dla którego Bóg dał człowiekowi prawo

Bóg stworzył niebo i ziemię oraz wszystko, co nich jest. Uczynił też człowieka na swoje podobieństwo. Dlatego powiedział ludziom, aby byli święci, ponieważ On jest święty (Ks. Kapł. 11,44). Pragnie, abyśmy się Go bali, kiedy nie postępujemy bogobojnie, i porzucili zło z naszego serca.

W czasach Jezusa faryzeusze i uczeni w piśmie byli zainteresowani darami i obserwowanie prawa raczej niż uświęceniem ich serc. Bóg woli złamane i skruszone serca niż ofiary (Ps. 51,16-17), więc dał nam prawo, abyśmy żałowali za grzechy i dzięki prawu odwrócili się od nich.

Boża wola w prawie Starego Testamentu

Nie oznacza to, że lud izraelski nie miał w sobie miłości do Boga. Jednak Bóg chciał, aby poświęcili swoje serca i poważnie zwraca im uwagę poprzez proroka Izajasza.

Co mi po mnóstwie waszych ofiar? – mówi Pan.
Syt jestem całopalenia kozłów i łoju tłustych cielców.
Krew wołów i baranów, i kozłów mi obrzydła. Gdy

przychodzicie, by stanąć przede Mną, kto tego żądał od was, żebyście wydeptywali me dziedzińce? Przestańcie składania czczych ofiar! Obrzydłe Mi jest wznoszenie dymu; święta nowiu, szabaty, zwoływanie świętych zebrań... Nie mogę ścierpieć świąt i uroczystości (Iz. 1,11-13).

Prawdziwe znaczenie obserwacji prawa nie obejmuje jedynie działania, ale również chęci wypływających z serca. Bóg nie ma przyjemności w ofiarach, składanych z nawyku czy fałszywej motywacji. Bez względu na to, ile ofiar złożyli zgodnie z prawem, Bóg nie miał z tego przyjemności, ponieważ ich serca nie postępowały zgodnie z Jego wolą.

Tak samo z naszymi modlitwami. W naszych modlitwach ważna jest nie sama modlitwa, a nastawienie naszego serca. Ps. 66,18 mówi: *„Gdybym w mym sercu zamierzał nieprawość, Pan by mnie nie wysłuchał"*.

Bóg poinformował ludzi przez Jezusa, że nie ma przyjemności w fałszywych modlitwach, a jedynie w szczerych płynących z serca.

Gdy się modlicie, nie bądźcie jak obłudnicy. Oni lubią w synagogach i na rogach ulic wystawać i modlić się, żeby się ludziom pokazać. Zaprawdę, powiadam wam: otrzymali już swoją nagrodę. Ty zaś, gdy chcesz się modlić, wejdź do swej izdebki, zamknij drzwi i módl się do Ojca twego, który jest w ukryciu.

A Ojciec twój, który widzi w ukryciu, odda tobie (Mat. 6,5-6).

To samo ze skruchą za grzechy. Kiedy żałujemy za grzechy, Bóg nie pragnie, abyśmy rozdzierali swoje szaty i lamentowali z popiele, ale abyśmy się upamiętali i z serca żałowali za grzech. Skrucha sama w sobie nie jest ważna, a kiedy żałujemy za grzechy z całego serca i odwracamy się od nich, Bóg przyjmuje naszą skruchę.

Przeto i teraz jeszcze – wyrocznia Pana: Nawróćcie się do Mnie całym swym sercem, przez post i płacz, lament. Rozdzierajcie jednak serca wasze, a nie szaty! Nawróćcie się do Pana Boga waszego! On bowiem jest łaskawy, miłosierny, nieskory do gniewu i wielki w łaskawości, a lituje się na widok niedoli (Joel 2,12-13).

Innymi słowy, Bóg pragnie przyjąć serca tych, którzy wypełniają prawo. Jest to opisane jako oczyszczenie serca w Biblii. Możemy oczyścić nasze ciało, obcinając napletek, jednak nasza ducha może być oczyszczona jedynie poprzez oczyszczenie serca.

Oczyszczenie serca, którego pragnie Bóg

Do czego odnosi się oczyszczenie serca? Odnosi się do odcięcia i odrzucenie zła i grzechu, jak zazdrość, gwałtowność, złe nastawienie, cudzołóstwo, fałsz, oszustwa, osąd oraz potępianie. Kiedy odcinasz grzech i zło ze swojego serca, Bóg przyjmuje twoje posłuszeństwo.

Obrzeżcie się ze względu na Pana i odrzućcie napletki serc waszych, mężowie Judy i mieszkańcy Jerozolimy, bo inaczej gniew mój wybuchnie jak płomień i będzie płonął, a nikt nie będzie go mógł ugasić z powodu waszych przewrotnych uczynków (Jer. 4,4).

Dokonajcie więc obrzezania waszego serca, nie bądźcie nadal ludem o twardym karku (Ks. Powt. Pr. 10,16).

Egipt, Judę i Edom, Ammonitów, Moab i wszystkich, którzy podcinają włosy i mieszkają na pustyni. Albowiem wszystkie narody są nieobrzezane i cały dom Izraela jest nieobrzezanego sercat (Jer. 9,26).

Pan, Bóg twój, dokona obrzezania twego serca i serca twych potomków, żebyś miłował Pana, Boga swego, z całego serca swego i z całej duszy swojej, po to, abyś żył (Ks. Powt. Pr. 30,6).

Dlatego Stary Testament często zachęca nas, abyśmy oczyścili swoje serca, ponieważ tylko ci, którzy oczyszczą swoje serca mogą kochać Boga z całego serca i duszy. Bóg pragnie, aby Jego dzieci były święte i doskonałe. W Ks. Rodz. Bóg powiedział Adamowi, aby był nieskazitelny, a w Księdze Kapłańskiej nakazał, aby lud izraelski był święty.

W Ewangelii Jana 10,35 czytamy: *„Jeżeli /Pismo/ nazywa bogami tych, do których skierowano słowo Boże – a Pisma nie można odrzucić"*, a w 2 Piotra 1,4: *„Przez nie zostały nam udzielone drogocenne i największe obietnice, abyście się przez nie stali uczestnikami Boskiej natury, gdy już wyrwaliście się z zepsucia /wywołanego/ żądzą na świecie".*

W czasach Starego Testamentu ludzi mogli być zbawieni dzięki obserwowaniu prawa, natomiast w czasach Nowego Testamentu możemy być zbawieni jedynie dzięki wierze w Jezusa, który wypełnił prawo miłości.

Zbawianie poprzez uczynki, w czasach Starego Testamentu było możliwe wtedy, kiedy człowiek miał grzeszne pragnienia, aby zabijać, nienawidzić, cudzołożyć i kłamać, jednak tego nie czynił. W Stary, Testamencie Duch Święty działał na nich, bo nie mogli o własnych siłach odrzucić swoich grzesznych pragnień. Więc kiedy nie popełnili otwarcie grzechu, nie mogli być uważanych za grzeszników.

Jednakże w czasach Nowego Testamentu możemy sięgnąć po zbawienie tylko jeśli oczyścimy nasze serce Wierą. Duch Święty powiadomi nas o grzechu, sprawiedliwości i sądzie oraz pomoże nam żyć według Słowa Bożego, abyśmy mogli odrzucić fałsz i grzeszną naturę, oczyszczając swoje serce.

Zbawienie przez wiarę w Jezusa nie jest ofiarowane jedynie wtedy, kiedy ktoś wie i wierzy, że Jezus jest Zbawicielem. Tylko jeśli odrzucimy zło z serce, ponieważ kochamy Boga i chodzimy w prawdzie przez wiarę, Bóg uzna to za prawdziwą wiarę i poprowadzi nas do zbawienia i błogosławieństw.

W jaki sposób sprawić przyjemność Bogu

Naturalne jest, że dziecko Boże nie powinno grzeszyć. Powinno również odrzucić fałsz i grzeszne pragnienia serca, aby być podobnym do świętości Boga. Jeśli nie popełniasz grzechów, lecz chowasz grzeszne pragnienia w sobie, Bóg nie uzna cię za sprawiedliwego.

Dlatego w Mat. 5,27-28 napisano: *„Słyszeliście, że powiedziano: Nie cudzołóż! A Ja wam powiadam: Każdy, kto pożądliwie patrzy na kobietę, już się w swoim sercu dopuścił z nią cudzołóstwa".*

W 1 Jana 3,15 czytamy: *„Każdy, kto nienawidzi swego brata, jest zabójcą, a wiecie, że żaden zabójca nie nosi w sobie życia wiecznego".* Niniejszy werset zachęcą nas, abyśmy pozbyli się nienawiści z serca.

Jak możemy zachowywać się w stosunku do osób, które nas nienawidzą, aby zadowolić Boga?

Prawo Starego Testamentu mówi nam: „Oko za oko, ząb za ząb". Innymi słowy, prawo mówi: „*W jaki sposób ktoś okaleczył bliźniego, w taki sposób będzie okaleczony*" (Ks. Kapł. 24,20). Miało to na celu zapobieganie, aby ludzie nie ranili się i nie szkodzili sobie wzajemnie. Jest tak ponieważ Bóg wie, że ludzkość próbuje odpłacić innym w znaczniejszym stopniu niż sami doświadczyli zła.

Król Dawid został powołany jako człowiek oddany Bogu. Kiedy król Saul próbował go zabić, Dawid nie chciał się zemścić za wiele wyrządzonego zła, Lecz traktował do z dobrocią aż do końca. Dawid dostrzegł prawdziwe znaczenie ukryte w prawie i żył zgodnie ze słowem Boży.

Nie będziesz szukał pomsty, nie będziesz żywił urazy do synów twego ludu, ale będziesz miłował bliźniego jak siebie samego. Ja jestem Pan! (Ks. Kapł. 19,18).

Nie oburzaj się na złoczyńców, występnym nie zazdrość (Przyp. 24,17).

Gdy wróg twój łaknie, nakarm go chlebem, gdy pragnie, napój go wodą (Przyp. 25,21).

Słyszeliście, że powiedziano: Będziesz miłował swego bliźniego, a nieprzyjaciela swego będziesz nienawidził. A Ja wam powiadam: Miłujcie waszych nieprzyjaciół i módlcie się za tych, którzy was prześladują (Mat. 5,43-44).

Zgodnie z powyższymi wersetami, jeśli wydaje ci się, że przestrzegasz prawo a nie wybaczasz innym ludziom, którzy powodują kłopoty, Bóg nie jest z ciebie zadowolony. Ponieważ Bóg kazał nam kochać naszych wrogów. Kiedy patrzysz na prawo, i kiedy w sercu postępujesz zgodnie z nim, Bóg pragnie posiadać, być w stanie zobaczyć pełne posłuszeństwo.

Prawo, znak Bożej miłości

Bóg miłości pragnie dać nam niekończone błogosławieństwa, jednak ponieważ jest Bogiem sprawiedliwości, nie ma wyboru jak tylko oddać nas diabłu, jeśli popełniamy grzechy. Dlatego niektórzy wierzący w Boga cierpią z powodu chorób i spotykają ich wypadki, kiedy nie żyją zgodnie ze słowem Bożym.

Bóg dał nam wiele zaleceń w swojej miłości, aby nas chronić przez próbami i bólem. Jak wiele instrukcji rodzice dają dziecku, aby chronić je przez chorobami i wypadkami?

„Umyj ręce, jak wrócisz do domu".
„Umyj zęby po jedzeniu".
„Rozejrzyj się, kiedy przechodzisz przez ulicę".

Tak samo Bóg powiedział nam, abyśmy przestrzegali Jego przykazań i poleceń dla naszego dobra (Ks. Powt. Pr. 10,13). Zachowywanie oraz praktykowania słowa Boga jest jak lampka do naszej podróży życia. Bez względu na to, jak jest ciemno, możemy bezpiecznie kroczyć ścieżką naszego przeznaczenia z lampą. Tym samym, kiedy Bóg, który jest światłością jest w nas, jesteśmy chronieni i możemy cieszyć się błogosławieństwami bycia dzieckiem Bożym.

Jakże szczęśliwy jest Bóg, kiedy chroni swoje dzieci posłuszne Jego słowy i daje im wszystko, o co proszą. Serca dzieci Bożych zostały oczyszczone i są podobne do Boga, ponieważ zachowują Słowo Boże i odczuwają głębię Bożej miłości jeszcze bardziej.

Dlatego, prawo, które dał Bóg jest jak podręcznik miłości, który prezentuje wskazówki, jak otrzymać najlepsze błogosławieństwa podczas naszego życia na ziemi. Prawo Boga nie jest ciężarem, lecz chroni nas przez katastrofami tego świata, na którym panuje szatan. Prawo prowadzi nas ścieżką błogosławieństw.

Jezus wypełnił prawo miłości

W Księdze Powtórzonego Prawa 19,19-21 czytamy, że w czasach Starego Testamentu, jeśli ludzie popełniali grzech oczami, ich oczy były wydłubywane. Kiedy grzeszyli rękami lub nogami, ich kończyny były odcinane. Kiedy mordowali lub cudzołożyli, byli kamienowani.

Prawo świata duchowego mówi, że karą za grzech jest śmierć. Dlatego Bóg poważnie karał tych, którzy popełniali niewybaczalne grzechy, a innych pragnął ostrzec przed popełnianiem grzechów.

Jednak Bóg miłości nie był zadowolony z wiary, która prowadziła ich do zachowywanie prawa i mówienia: „oko za oko, ząb za ząb". Podkreślał, że powinni oczyścić swoje serca. Nie chciał, aby z powodu prawa odczuwali ból, więc kiedy nadszedł czas, zesłał Jezusa na ziemię i pozwolił mu ponieść grzechu całej ludzkości i wypełnić prawo miłości.

Bez ukrzyżowania Jezusa, odcięto by na ręce i nogi, gdybyśmy grzeszyli. Jednak Jezus wziął na siebie krzyż i przelał krew. Jego ręce i nogi zostały przybite do krzyża, aby obmyć nas z grzechów popełnionych rękami i nogami. Dzięki temu nasze kończyny nie zostaną odcięte. A wszystko dzięki wspaniałej miłości Bożej.

Jezus, który jest jedno z Bogiem miłości, zszedł na ziemię i wypełnił prawo miłości. Prowadził przykładne życie zachowując wszystkie przykazania Boże.

Jednakże, nawet jeśli w pełni zachował prawo, nie potępiał tych, którzy je przestępowali, mówiąc: „Złamałeś prawo, teraz czeka cię tylko śmierć". Zamiast tego, nauczał prawdy dzień i nocą, aby choć jedna ducha skruszyła się i żałowała za swoje grzechy oraz dostąpiła zbawienia. Bez ustanku pracował i uzdrawiał chorych, wypędzał demony, łagodził dolegliwości.

Miłość Jezusa była niesamowita, co widać w sytuacji, kiedy przyłapano kobietę na cudzołóstwie i przyprowadzono ją do Jezusa. W 8 rozdziale ewangelii Jana, uczeni i faryzeusze przyprowadzili kobietę do Jezusa i zapytali Go: „*W Prawie*

Mojżesz nakazał nam takie kamienować. A Ty co mówisz?" (w. 5). W Jezus odpowiedział: „Kto z was jest bez grzechu, niech pierwszy rzuci na nią kamień" (w. 7).

Zadając takie pytanie, zamierzał zwrócić ich uwagę, że nie tylko kobieta, która cudzołożyła, ale również oni, którzy szukali pretekstu, aby skazać Jezusa, byli takimi samymi grzesznikami przed Bogiem i nikt nie ma prawa potępiać drugiego człowieka. Kiedy ludzie to usłyszeli, poruszyło ich sumienie i odchodzili. Jezus został sam z kobietą.

Jezus zobaczył, że wszyscy odeszli i powiedział do niej: „Kobieto, gdzież oni są? Nikt cię nie potępił?" (w. 10). A Ona odpowiedziała: „Nikt, Panie! Rzekł do niej Jezus: I Ja ciebie nie potępiam. – Idź, a od tej chwili już nie grzesz" (w. 11).

Kiedy przyprowadzono kobietę i odkryto jej niewybaczalny grzech, opanował ją wielki strach. Więc, kiedy Jezus jej przebaczył, możecie sobie wyobrazić łzy, emocje i wdzięczność, jaką odczuwała. Zawsze kiedy przypominała sobie o przebaczeniu i miłości Jezusa, nie miała odwagi ponownie łamać prawo i grzeszyć. Stało się tak, ponieważ spotkała Jezusa, który wypełnił prawo miłości.

Jezus wypełnił prawo z miłością, nie tylko dla tej kobiety, ale dla wszystkich ludzi. Nie oszczędził swojego życia, lecz oddał je na krzyżu za grzeszników, jak rodzic, który oddałby życie za swoje dziecko.

Jezus był bez skazy. Był jedynym Synem Boga, a jednak

zniósł ból i przelał swoją krew na krzyżu za nas, grzeszników. Jego ukrzyżowanie było najbardziej poruszającym momentem wypełnienie się wielkiej miłości w historii rodzaju ludzkiego.

Kiedy dotyka nas taka potęga miłości, otrzymujemy siłę, aby zachowywać prawo i wypełniać prawo miłości jak Jezus. Gdyby Jezus nie wypełnił prawa miłości, a zamiast tego osądził i potępił nas zgodnie z prawem, odwróciłby wzrok od grzeszników, ilu ludzi dostąpiłoby zbawienia? Jak napisano w Biblii: „*Nie ma ani jednego sprawiedliwego*" (Rzym. 3,10), więc nikt nie mógłby być zbawiony.

Dlatego Boże dzieci, którym przebaczono grzechy w wielkie miłości powinny nie tylko zachowywać prawo w szczerym sercu, ale również kochać bliźniego jak siebie samego, służyć mu i przebaczać.

Ci, którzy osądzają i potępiają innych

Jezus wypełnił prawo miłości i stał się Zbawicielem ludzkości, jednak co zrobili faryzeusze, uczeni i nauczyciele prawa? Woleli stosować prawo raczej niż oczyścić swoje serca, tak jak chciał Bóg. Ponadto, nie przebaczali tym, którzy prawa nie przestrzegali, lecz osądzali ich i potępiali.

Jednak nasz Bóg nie chce nas osądzić ani potępić bez łaski i miłości. Nie chce, abyśmy cierpieli, nie doświadczając miłości

Bożej. Jeśli przestrzegamy prawa, jednak nie rozumiemy charakteru Boga, nie przestrzegamy prawa z miłością, więc nie ma to żadnej korzyści.

> *Gdybym też miał dar prorokowania i znał wszystkie tajemnice, i posiadał wszelką wiedzę, i wszelką [możliwą] wiarę, tak iżbym góry przenosił, a miłości bym nie miał, byłbym niczym. I gdybym rozdał na jałmużnę całą majętność moją, a ciało wystawił na spalenie, lecz miłości bym nie miał, nic bym nie zyskał* (1 Kor. 13,2-3).

Bóg jest miłością i raduje się oraz błogosławi nam, kiedy działamy w miłości. W czasach Jezusa faryzeusze nie mieli miłości w sercach, więc nie miało to żadnej korzyści. Osądzali i potępiali innych, ponieważ uważali, że znają prawo, przez co oddalali się od Boga i w końcu ukrzyżowali Jego Syna.

Kiedy rozumiemy prawdziwą wolę Bożą zapisaną w prawie

Nawet w czasach Starego Testamentu byli wielcy ojcowie wiary, którzy rozumieli prawdziwą wolę Boga zapisaną w prawie. Ojcowie wiary tacy jak Abraham, Józef, Mojżesz, Dawid i Eliasz nie tylko zachowywali prawo, ale próbowali stać się dziećmi Bożymi oczyszczając swoje serca.

Jednakże, kiedy Jezus przyszedł na ziemię, aby powiedzieć

Żydom o Bogu Abrahama, Izaaka i Jakuba, nie rozpoznali Go. Ponieważ byli zaślepieni tradycjami i prawem.

Aby pokazać, że jest Synem Bożym, Jezus czynił znaki i cuda możliwe jedynie dzięki mocy Bożej. Mimo to nie rozpoznali Go ani nie przyjęli jak Mesjasza.

Jednak inaczej było z Żydami, którzy mieli dobre serca. Kiedy słuchali Jezusa, uwierzyli w Niego. A kiedy wiedzieli znaki i cuda wierzyli, że Bóg jest w Nim. W 3 rozdziale Ewangelii Jana, faryzeusz o imieniu Nikodem przyszedł w nocy do Jezusa i powiedział:

> *Rabbi, wiemy, że od Boga przyszedłeś jako nauczyciel. Nikt bowiem nie mógłby czynić takich znaków, jakie Ty czynisz, gdyby Bóg nie był z Nim* (Jan 3,2).

Bóg miłości czeka na powrót Izraela

Dlaczego większość Żydów nie rozpoznała Jezusa, który przyszedł na ziemię jako Zbawiciel? Sami kształtowali prawo w swoich sercach, wierząc, że kochają i służą Bogu, jednak nie chcieli przyjąć nic innego niż to, co sami ukształtowali.

Zanim spotkał Jezusa, Paweł wierzył, że aby kochać i służyć Bogu musi wypełnić prawo i tradycje starszych. Dlatego nie przyjął Jezusa jako Zbawiciela, lecz prześladował Go i Jego naśladowców. Po tym, jak spotkał zmartwychwstałego Jezusa w drodze do Damaszku, jego myślenie zupełnie się zmieniło i stał się apostołem Jezusa. Oddałby nawet życie dla Pana.

Pragnienie, aby zachowywać prawo jest wewnętrznym przekonaniem Żydów i silnym stanowiskiem narodu wybranego. Dlatego, jak tylko uświadomią sobie prawdziwą Bożą wolę zapisaną w prawie, będą w stanie pokochać Boga jeszcze bardziej niż inni i być Mu wierni z całego serca.

Kiedy Bóg wyprowadził Izraela z Egiptu, dał im prawo i przykazania przez Mojżesza oraz powiedział im, co pragnie, aby czynili. Obiecał im, że jeśli będą kochać Boga, oczyszczą swoje serca i będą żyć zgodnie z Jego wolą, będzie z nimi i da im niesamowite błogosławieństwa.

Jeśli wrócisz do Pana, Boga swego, będziesz słuchał jego głosu we wszystkim, co ja ci dzisiaj rozkazuję, i ty, i synowie twoi z całego swego serca i z całej swej duszy: odwróci też i Pan, Bóg twój, twoje wygnanie i zlituje się nad tobą. Zgromadzi cię na nowo spośród wszystkich narodów, gdzie cię Pan, Bóg twój, rozproszył. Choćby twoi wygnańcy byli na krańcach nieba, zgromadzi cię stamtąd Pan, Bóg twój, i stamtąd cię zabierze. Sprowadzi cię Pan, Bóg twój, do ziemi, którą przodkowie twoi otrzymali w posiadanie, abyś ją odzyskał; uczyni cię szczęśliwym i rozmnoży cię bardziej niż twoich przodków. Pan, Bóg twój, dokona obrzezania twego serca i serca twych potomków, żebyś miłował Pana, Boga swego, z całego serca swego i z całej duszy swojej, po to, abyś żył. Wszystkie te przekleństwa ześle Pan, Bóg twój, na twoich wrogów i na tych, którzy cię nienawidzą i będą prześladować. Ty znowu będziesz słuchał głosu Pana, wypełniając wszystkie polecenia, które ja tobie dziś daję (Ks. Powt. Prawa 30,2-8).

Tak, jak Bóg obiecał swojemu narodowi wybranemu w niniejszych wersetach, zgromadził swoich ludzi, którzy byli rozproszeni po całym świecie i pozwolił im wrócić do swojego kraju do tysiącach lat oraz wywyższył ich ponad inne narody. Niemniej jednak Izrael nie rozpoznał Bożej wielkiej miłości w ukrzyżowaniu Jezusa oraz Jego opatrzności w stworzeniu i kształtowaniu ludzkości, nadal trwając w prawach i tradycji starszych.

Bóg miłości pragnie i czeka, aby porzucili swoją skrzywioną wiarę i zmienili się, stając się prawdziwymi dziećmi Bożymi. Po pierwsze, muszą otworzyć swoje serca i przyjąć Jezusa, którego Bóg wysłał jako Zbawiciela ludzkości oraz przyjąć przebaczenie grzechów. Następnie, muszą uświadomić sobie prawdziwą wolę Bożą zapisaną w prawie oraz posiąść prawdziwą wiarę, zachowując Słowo Boże poprzez oczyszczenie serca, aby mogli otrzymać zbawienie.

Modlę się, aby Izrael odnowił utracony obraz Boga poprzez

wiarę, która raduje Boga oraz, aby stali się prawdziwymi dziećmi Bożymi i mogli cieszyć się błogosławieństwami, które Bóg im obiecał oraz chwałą wiecznego królestwa.

Kopuła na Skale, muzułmańskie sanktuarium usytuowane w zagubionym świętym mieście Jeruzalem

Rozdział 4

Patrz i słuchaj!

Zmierzając w kierunku końca świata

Biblia jasno wyjaśnia nam początek historii ludzkości oraz jej koniec. Przez kilka tysięcy lat Bóg mówił nam w Biblii o historii człowieka. Historia rozpoczęła się, kiedy pierwszy człowiek pojawił się na ziemi – Adam i będzie trwać aż do powtórnego przyjścia Pana. Która jest godzina na Bożym zegarze historii ludzkości i ile zostało dni zanim wybiją ostatnie chwile historii ludzkości? Przyjrzyjmy się planowi Bożemu oraz Jego woli dla Izraela oraz ścieżce zbawienia.

Wypełnienie proroctw biblijnych dotyczących historii ludzkości

W Biblii znajduje się wiele proroctw i wszystkie są słowami wszechmocnego Boga Stworzyciela. Prorok Izajasz w 55,11 powiedział: *„tak słowo, które wychodzi z ust moich, nie wraca do Mnie bezowocne, zanim wpierw nie dokona tego, co chciałem, i nie spełni pomyślnie swego posłannictwa"*, Boże słowo wypełniało się do tej pory dokładnie, więc będzie wypełniać się nadal.

Historia Izraela potwierdza, że proroctwa biblijne wypełniały się bezbłędnie. Wszystko działo się zgodnie z tym, co zapisano w Biblii. Izraelici przez 400 lat byli w niewoli egipskiej, następnie opuścili Egipt i ruszyli do ziemi obiecanej opływającej w mleko i miód, królestwo zostało podzielone na Izraela i Judę. Następnie opisano ich zniszczenie, niewolę babilońską, powrót do domu, narodziny Mesjasza i Jego ukrzyżowanie, zniszczenie narodu oraz ich rozproszenie po świecie, a na koniec ponownie odzyskanie niepodległości.

Historia ludzkości jest pod kontrolą Boga wszechmocnego i zawsze, kiedy osiągnął coś ważnego przepowiedział człowiekowi, co się stanie (Amos 3,7). Bóg przepowiedział Noemu, który był sprawiedliwy i bez skazy, że nastąpi Potop, który zniszczy ziemię. Abrahamowi powiedział, że zniszczy Sodomę i Gomorę, a Danielowi oraz Janowi, co stanie się przy końcu czasów.

Większość proroctw zapisanych w Biblii już się wypełniła, a proroctwa, które mają się wypełnić dotyczą powtórnego przyjścia Jezusa i kilku innych rzeczy, które nastąpią wcześniej.

Znaki końca wieków

Dzisiaj bez względu na to, jak poważnie wyjaśniamy fakt, że są czasy końca, wielu ludzi nie chce w to wierzyć. Zamiast przyjąć niniejszą prawdę, myślą, że ci, którzy o tym mówią są dziwni i starają się unikać słuchania ich. Sądzą, że słońce będzie wschodzić i zachodzić, ludzie będą się rodzić i umierać, a cywilizacja będzie trwałą na wieki.

Biblia opisuje czasy końca: „*To przede wszystkim wiecie, że przyjdą w ostatnich dniach szydercy pełni szyderstwa, którzy będą postępowali według własnych żądz i będą mówili: Gdzie jest obietnica Jego przyjścia? Odkąd bowiem ojcowie zasnęli, wszystko jednakowo trwa od początku świata*" (2 Piotra 3,3-4).

Kiedy rodzi się człowiek, nadchodzi również czas, kiedy umiera. Tak samo, historia ludzkości musi mieć początek i koniec. Kiedy nadejdzie czas ustalony przez Boga, wszystko na świecie zakończy się.

W owych czasach wystąpi Michał, wielki książę, który jest opiekunem dzieci twojego narodu. Wtedy nastąpi okres ucisku, jakiego nie było, odkąd narody powstały, aż do chwili obecnej. W tym czasie naród twój dostąpi zbawienia: ci wszyscy, którzy zapisani są w księdze. Wielu zaś, co posnęli w prochu ziemi, zbudzi się: jedni do wiecznego życia, drudzy ku hańbie, ku wiecznej odrazie. Mądrzy będą świecić jak blask sklepienia, a ci, którzy nauczyli wielu sprawiedliwości, jak gwiazdy przez wieki i na zawsze. Ty jednak, Danielu, ukryj słowa i zapieczętuj księgę aż do czasów ostatecznych. Wielu będzie dociekało, by pomnożyła się wiedza (Daniel 12,1-4).

Przez proroka Daniela Bóg przepowiedział, co stanie się na końcu wieków. Niektórzy ludzie mówią, że proroctwa Daniela już wypełniły się w przeszłości. Jednak niniejsze proroctwo wypełni się w pełni przy końcu historii ludzkości i zgadza się ze znakami czasów końca opisanymi w Nowym Testamencie.

Proroctwo Daniela związane jest z powtórnym przyjściem Jezusa. *„W owych czasach wystąpi Michał, wielki książę, który jest opiekunem dzieci twojego narodu. Wtedy nastąpi okres ucisku, jakiego nie było, odkąd narody powstały, aż do chwili obecnej. W tym czasie naród twój dostąpi zbawienia: ci wszyscy, którzy zapisani są w księdze"*, co wyjaśnia nam okres siedmiu lat prześladowań, które odbędą się przy końcu czasów.

Druga część wersetu 4 mówi: *„Wielu będzie dociekało, by pomnożyła się wiedza"*, co wyjaśnia to, w jaki sposób ludzie żyją w obecnych czasach. Niniejsze proroctwa Daniela nie odnoszą się do zniszczenia Izraela, które miało miejsce w 70 r. n.e., ale do znaków czasów końca.

Jezus mówił swoim uczniom o znakach czasów końca szczegółowo. W Ewangelii Mateusza 24,6-7; 11-12 czytamy: *„Będziecie słyszeć o wojnach i o pogłoskach wojennych; uważajcie, nie trwóżcie się tym. To musi się stać, ale to jeszcze nie koniec! Powstanie bowiem naród przeciw narodowi i królestwo przeciw królestwu. Będzie głód i zaraza, a miejscami trzęsienia ziemi. Lecz to wszystko jest dopiero początkiem boleści. Wtedy wydadzą was na udrękę i będą was zabijać, i będziecie w nienawiści u wszystkich narodów, z powodu mego imienia. Wówczas wielu zachwieje się w wierze; będą się wzajemnie wydawać i jedni drugich* nienawidzić. *Powstanie wielu fałszywych proroków i wielu w błąd wprowadzą; a ponieważ wzmoże się nieprawość, oziębnie miłość wielu".*

Jak dzisiaj wygląda sytuacja na świecie? Słyszymy o wojnach i wieści wojenne, o tym, że terroryzm wzmaga się z dnia na dzień. Narody i królestwa walczą przeciwko sobie. Są głody i trzęsienia ziemi oraz wiele innych katastrof naturalnych spowodowanych nadzwyczajnymi warunkami pogodowymi. Co więcej, bezprawie jest wszechobecne na całej ziemi, grzech i zło opanowały świat, a miłość ludzka ziębnie.

W 2 Liście do Tymoteusza czytamy podobne słowa:

A wiedz o tym, że w dniach ostatnich nastaną chwile trudne. Ludzie bowiem będą samolubni, chciwi, wyniośli, pyszni, bluźniący, nieposłuszni rodzicom, niewdzięczni, niegodziwi, bez serca, bezlitośni, miotający oszczerstwa, niepohamowani, bez uczuć ludzkich, nieprzychylni, zdrajcy, zuchwali, nadęci, miłujący bardziej rozkosz niż Boga. Będą okazywać pozór pobożności, ale wyrzekną się jej mocy. I od takich stroń (2 Tym. 3,1-5).

Dzisiaj ludzie nie lubią dobrych rzeczy, lecz kochają pieniądze i przyjemności. Szukają własnych korzyści i popełniają grzechy, łącznie z morderstwami bez wahania lub wyrzutów sumienia. Serca ludzkie są oziębłe tak, że większości ludzi nie da się już niczym zaskoczyć. Patrząc na to, nie możemy zaprzeczyć, że historia ludzkości zmierza do końca.

Nawet historia Izraela prowadzi do znaków powtórnego przyjścia Jezusa oraz czasów końca.

W Mat. 24,32-33 czytamy: *„A od figowego drzewa uczcie się przez podobieństwo! Gdy jego gałązka staje się soczysta i liście wypuszcza, poznajecie, że zbliża się lato. Tak samo i wy, kiedy ujrzycie to wszystko, wiedzcie, że blisko jest, we drzwiach".*

Drzewo figowe odnosi się do Izraela. Drzewo wydaje się martwe w zimie, jednak gdy nadchodzi wiosna, wypuszcza pąki, a na gałęziach pojawiają się liście. Podobnie, od czasu zniszczenia Izraela w 70 r. n.e., wydawało się, że Izrael zupełnie zniknął, jednak gdy nadszedł czas, ogłosił niepodległość i ogłosił swoje istnienie 14 maja 1948.

Co ważniejsze to, że niepodległość Izraela wskazuje na to, że powtórne przyjście Jezusa nastąpi wkrótce. Dlatego, Izrael powinien uświadomić sobie, że Mesjasz, na którego nadal czekają, już przyszedł na ziemię i stał się Zbawicielem ludzkości 2000 lat temu oraz pamiętać, że wkrótce Zbawiciel powróci na ziemię jako Sędzia.

Co się stanie nam, którzy żyjemy w ostatnich dniach istnienia ziemi zgodnie z proroctwami Biblii?

Przyjście Jezusa na obłokach oraz porwanie wiernych

Około 2000 lat temu Jezus został ukrzyżowany i zmartwychwstał trzeciego dnia, łamiąc władzę śmierci, a następnie został porwany do nieba przy naocznych świadkach.

Mężowie z Galilei, dlaczego stoicie i wpatrujecie się w niebo? Ten Jezus, wzięty od was do nieba, przyjdzie tak samo, jak widzieliście Go wstępującego do nieba (Dz. Ap. 1,11).

Pan Jezus otworzył bramę zbawienia ludzkości poprzez ukrzyżowanie i zmartwychwstanie, a następnie uniósł się do nieba i usiadł po prawicy Boga. Obecnie przygotowuje mieszkania dla zbawionych. Kiedy zakończy się historia ziemi, powróci, aby zabrać nas do siebie. Jego powtórne przyjście jest opisane w 1 Tes. 4,16-17.

Sam bowiem Pan zstąpi z nieba na hasło i na głos archanioła, i na dźwięk trąby Bożej, a zmarli w Chrystusie powstaną pierwsi. Potem my, żywi i pozostawieni, wraz z nimi będziemy porwani w powietrze, na obłoki naprzeciw Pana, i w ten sposób zawsze będziemy z Panem.

Jakże majestatyczna scena, kiedy Pan zejdzie na ziemię na obłokach w chwale I towarzystwie aniołów. Zbawieni otrzymają nowe ciała i spotkają Pana w powietrzu, a następnie będą świętować na siedmioletnim weselu Baranka wraz z Oblubieńcem.

Zbawienie zostaną uniesieni w powietrze na spotkanie Pana, co nazwane jest porwaniem. Królestwo powietrza odnosi się do części drugiego nieba, którą Bóg przygotował na siedmioletnie wesele.

Bóg podzielił rzeczywistość duchową na kilka przestrzeni – jedną z nich jest drugie niebo. Drugie niebo dzieli się na dwa obszary – Eden (świat światła i ciemności). W części światłości jest szczególna przestrzeń przygotowana na siedmioletnie wesele.

Wierni, którzy otrzymają zbawienie w świecie pełnym grzechu oraz zła, zostaną porwani w powietrze jako Oblubienica Pana i spotkają Go oraz będą cieszyć się na weselnej uczcie przez siedem lat.

Weselmy się i radujmy, i dajmy Mu chwałę, bo nadeszły Gody Baranka, a Jego Małżonka się przystroiła, i dano jej oblec bisior lśniący i czysty – bisior bowiem oznacza czyny sprawiedliwe świętych. I mówi mi: Napisz: Błogosławieni, którzy są wezwani na ucztę Godów Baranka! I mówi im: Te słowa prawdziwe są Boże (Ap. 19,7-9).

Ci, którzy zostaną zabrani w powietrze w czasie przyjęcia

weselnego otrzymają pochwały za pokonanie zła dzięki wierze, natomiast ci, którzy nie zostaną uniesienie w powietrze będą cierpieć w prześladowaniach. Złe duchy wygnane na ziemię w czasie drugiego przyjścia Pana będą ich maltretować i gnębić.

Siedem lat wielkich prześladowań

Podczas gdy ci, którzy dostąpili zbawienia radują się uczestnictwem w siedmioletnim weselu i marzą o szczęśliwym wiecznym niebie, okrutne prześladowania odbywają się na całej ziemi – najgorsze i nie do opisania.

Jak rozpoczną się siedmioletnie prześladowania? Ponieważ nasz Pan powróci w powietrzu i wielu ludzi zostanie porwanych z Nim, ci, którzy pozostaną na ziemi będą sparaliżowani strachem i zszokowani z powodu zniknięcia ich rodzin, przyjaciół i sąsiadów, więc będą chodzić w kółko i ich szukać.

Szybko uświadomią sobie, że nastąpiło porwanie chrześcijan, o którym mówiono. Będą czuli się przerażani na myśl o prześladowaniach, które na nich przyjdą. Będą przejęci i wystraszeni. Kiedy pojazdy jak samoloty, statki, pociągi, samochody i inne uniosą się w powietrze, pojawią się wypadki i pożary, budynki będą upadać, a świat wypełniony będzie chaosem i nieładem.

Wtedy pojawi się osoba i przyniesie pokój oraz porządek na świecie. Jest władcą Unii Europejskiej. Połączy siły polityczne, ekonomiczne i militarne, i będzie trzymać świat po kontrolą – da pokój i stabilizację społeczeństwom. Dlatego tak wielu ludzi będzie się cieszyć jego pojawieniem się na scenie świata. Wielu przywita go entuzjastycznie, będzie go wspierać i pomagać mu.

Będzie antychrystem, którego opisuje Biblia, a który poprowadzi siedmioletnie prześladowania, jednak przez jakiś czas będzie wydawał się posłańcem pokoju. W rzeczywistości antychryst przyniesie pokój i porządek jedynie początkowo. Użyje znamienia bestii „666", aby przywrócić ład i porządek, jak opisuje Biblia.

I sprawia, że wszyscy: mali i wielcy, bogaci i biedni, wolni i niewolnicy otrzymują znamię na prawą rękę lub na czoło i że nikt nie może kupić ni sprzedać, kto nie ma znamienia – imienia Bestii lub liczby jej imienia. Tu jest [potrzebna] mądrość. Kto ma rozum, niech liczbę Bestii przeliczy: liczba ta bowiem człowieka. A liczba jego: sześćset sześćdziesiąt sześć (Ap. 13,16-18).

Jakie jest znamię bestii?

Bestia odnosi się do komputera. Unia Europejska ustanowi swoje organizacje za pomocą komputerów. Dzięki komputerom Unii Europejskiej każdy człowiek otrzyma kod kreskowy na prawej ręce lub na czole. Kod jest znamieniem bestii. Wszelkie informacje osobowe znajdują się w kodzie, który znajduje się na ciele. Dzięki temu komputery UE będą w stanie monitorować, obserwować, sprawdzać i kontrolować wszystkich szczegółowo, gdziekolwiek będą i cokolwiek będą robić.

Nasze współczesne karty kredytowe oraz dowody tożsamości zostaną zastąpione znamieniem bestii „666". Wtedy ludzie nie będą już potrzebować gotówki ani czeków. Nie będą musieli się martwić utratą mienia lub kradzieżą. To doprowadzi do rozprzestrzenienia się znamienia na całym świecie w bardzo krótkim czasie. Bez tego znamienia nikt nie będzie mógł być rozpoznany, nie będzie mógł sprzedawać ani kupować.

Na początku prześladowań ludzie będą otrzymywać znak bestii, jednak nie będą zmuszani do przyjęcia go. Będzie to zalecane dopóki organizacja UE nie będzie w pełni stabilna. W połowie prześladowań UE zacznie zmuszać każdego do przyjmowania znamienia i nie odpuści tym, którzy go nie przyjmą. Dlatego UE zwiąże ludzi dzięki znamieniu bestii i będzie nimi dowolnie kierować.

W końcu większość ludzi, którzy pozostaną na ziemi podczas prześladowań zostanie poddanych kontroli antychrysta i rządom bestii. Ponieważ antychryst będzie kontrolowany przez diabła, UE sprawi, że ludzie sprzeciwią się Bogu i poprowadzi ich na ścieżkę zła, niesprawiedliwości, grzechu i zniszczenia.

Jednak niektórzy ludzie nie poddadzą się władzy antychrysta. To ludzie, którzy wierzyli w Jezusa, jednak nie zostali uniesieni w powietrze przy powtórnym przyjściu Jezusa, ponieważ nie mieli dość prawdziwej wiary.

Niektórzy z nich kiedyś przyjęli Jezusa i żyli w łasce Bożej, jednak później stracili ją i powrócili do życia na świecie. Inni wyznali wiarę w Chrystusa, chodzili do kościoła, jednak ulegali ziemskim przyjemnościom, ponieważ nie mieli prawdziwej wiary duchowej. Są też inni, którzy dopiero co przyjęli Jezusa oraz Żydzi, którzy obudzili się ze swojej duchowej drzemki dzięki porwaniu.

Kiedy zobaczyli porwanie, uświadomili sobie, że wszystkie słowa Starego i Nowego Testamentu były prawdziwe, lamentowali i rzucali się po ziemi. Ogarnie ich wielki strach, będą żałować, że nie żyli zgodnie z wolą Bożą i będą próbować znaleźć drogę do zbawienia.

A inny anioł, trzeci, przyszedł w ślad za nimi, mówiąc donośnym głosem: Jeśli kto wielbi Bestię, i obraz jej, i bierze sobie jej znamię na czoło lub rękę, ten również będzie pić wino zapalczywości Boga przygotowane, nie rozcieńczone, w kielichu Jego gniewu; i będzie katowany ogniem i siarką wobec świętych aniołów i wobec Baranka. A dym ich katuszy na wieki wieków się wznosi i nie mają spoczynku we dnie i w nocy czciciele Bestii i jej obrazu, i ten, kto bierze znamię jej imienia. Tu się okazuje wytrwałość świętych, tych, którzy strzegą przykazań Boga i wiary Jezusa (Ap. 14,9-12).

Jeśli ktoś przyjmuje znamię bestii, poddaje się antychrystowi, którzy sprzeciwia się Bogu. Dlatego Biblia podkreśla, że ktokolwiek przyjmuje znamię bestii nie może otrzymać zbawienia. W czasie prześladowań ci, którzy o tym wiedzą, zrezygnują z przyjęcia znamienia, aby pokazać prawdziwą wiarę. Tożsamość antychrysta zostanie ujawniona. Pogrupuje on nieczyste elementy społeczeństwa – oddzieli tych, którzy sprzeciwią mu się i nie przyjmą znamienia, więc przeprowadzi czystkę, ponieważ naruszają społeczny pokój. Zmusi ich do wyparcia się Jezusa i przyjęcia znamienia. Jeśli odmówią, czeka ich męczeństwo oraz prześladowania.

Zbawienie dzięki męczeństwu i odmowie przyjęcia znamienia bestii

Prześladowania dla tych, którzy odrzucą znamię bestii w czasie siedmioletnich prześladowań będą niewyobrażalnie okrutne. Będą zbyt przerażające, aby je przetrzymać, więc jedynie niewielka liczba osób rzeczywiście skorzysta z ostatniej możliwości zbawienia. Niektórzy powiedzą: „Nie porzucę mojej wiary w Pana. Nadal w Niego wierzę z całego serca. Prześladowania są tak przytłaczające, że zaprę się Pana jedynie moimi ustami. Bóg zrozumie i ocali mnie" i przyjmą znamię bestii. Jednakże takie osoby nie mogą otrzymać zbawienia.

Kilka lat temu, kiedy się modliłem, Bóg pokazał mi wizję osób, które odmówiły przyjęcia znamienia bestii w czasie wielkich prześladowań i byli prześladowani. Była to prawdziwie okropna scena. Prześladowcy obdzierali ich ze skóry, łamali ich kości, rozrywali ciała na kawałki, odcinali palce, nogi, ręce i wylewali gorącą oliwę na ich ciała.

W czasie II Wojny Światowej miały miejsce okropne zabójstwa i prześladowania oraz prowadzono na ludziach eksperymenty medyczne. Jednak nawet takie okropności nie są porównywalne z prześladowaniami w czasie siedmiu lat wielkich prześladowań. Po porwaniu wiernych w powietrze antychryst, który stanowi jedno z diabłem, będzie rządził światem i nie będzie miał łaski ani miłosierdzia dla nikogo.

Diabeł i siły antychrysta przekonają ludzi, aby wyparli się Jezusa tylko po to, aby wpędzić ich do piekła. Będą prześladować wierzących, jednak nie zabiją ich od razu, lecz będą znęcać się różnymi metodami. Różne metody prześladowań oraz narzędzia używane do prześladowań spowodują okrutny ból i panikę.

Prześladowani ludzi będą marzyli o śmierci, jednak nie mogą wybrać chwili śmierci, ponieważ antychryst nie zabije ich od razu, a wiedzą, że samobójstwo nie da im zbawienia.

W wizji Bóg pokazał mi, że większość tych osób nie wytrzyma bólu tortur i odda się antychrystowi. Przez jakiś czas niektórzy z nich wydawali się wytrwać i pokonać ból dzięki silnej woli, jednak kiedy zobaczyli prześladowane ukochane dzieci lub rodziców porzucali swoją wolę, poddawali się antychrystowi i przyjmowali znamię bestii.

Wśród prześladowanych kilku ludzi, którzy mają prawe i szczere serca, zwycięży ból i pokusy antychrysta, umierając jako męczennicy. Dlatego, ci, którzy wytrwają w wierze w czasie prześladowań będą mogli wziąć udział w marszu zbawionych.

Droga zbawienia z nadchodzących prześladowań

Kiedy wybuchła II Woja Światowa Żydzi, mieszkający w Niemczach nie spodziewali się okrutnych morderstw, które na nich czekały. Nikt nie wiedział ani nie przewidywał, że Niemcy charakteryzujące się spokojem i stabilnością zmienią się nagle w siłę zła w tak krótkim czasie.

Wtedy nie wiedząc, co się stanie, Żydzi w swojej bezsilności nie mogli nic zrobić, aby uniknąć cierpienia. Bóg pragnął, aby Jego ludzie uniknęli nadchodzącej w przyszłości katastrofy. Dlatego szczegółowo opisał koniec świata w Biblii i ostrzegł lud izraelski o nadchodzących prześladowaniach, chcąc ich obudzić.

Najważniejszą rzeczą dla Izraela jest to, aby wiedzieli o tym, że prześladowań nie można uniknąć i zamiast uciekać przed nimi, Izraelici zostaną złapani w samym środku prześladowań. Pragnę, abyście uświadomili sobie, że prześladowania pojawią się wkrótce i dopadną cię jak złodziej, jeśli nie będziesz przygotowany. Musisz obudzić się ze swojej duchowej drzemki, jeśli chcesz uniknąć katastrofy.

Obecnie jest czas, aby Izrael obudził się. Muszą żałować za

to, że nie rozpoznali Mesjasza i przyjąć Jezusa jako Zbawiciela ludzkości, posiąść prawdziwą wiarę, której pragnie Bóg, aby mogli zostać porwani na spotkanie Pana.

Zachęcam, abyście mieli na uwadze to, że antychryst pojawi się jako posłaniec pokoju, tak jak Niemcy przed II Wojną Światową. Będzie oferował pokój i odpoczynek, jednak szybko i niespodziewanie stanie się wielką siłą – siłą która będzie szybko wzrastać i przyniesie cierpienie oraz katastrofy, jakich nie można sobie wyobrazić.

Dziesięć Zasad

Biblia zawiera wiele proroczych fragmentów, które opisują to, co stanie się w przyszłości. Szczególnie, jeśli spojrzymy na proroctwa zapisane w księgach wielkie proroków Starego Testamentu, przeczytamy o przyszłości Izraela oraz całego świata. Jak myślisz, dlaczego? Boży naród wybrany był i będzie w środku historii rodzaju ludzkiego.

Wielki posąg opisany w proroctwach Daniela

Księga Daniela prorokuje nie tylko na temat przyszłości Izraela, ale o tym, co stanie się na świecie w dniach ostatecznych w związku z upadkiem Izraela. W Ks. Daniela 2,31-33 Daniel wyjaśnia sen Nabuchodonozora dzięki natchnieniu Bożemu. Niniejsza interpretacja zawiera proroctwa dotyczącego tego, co stanie się w przyszłości.

Ty, królu, patrzyłeś: Oto posąg bardzo wielki, o nadzwyczajnym blasku stał przed tobą, a widok jego był straszny. Głowa tego posągu była z czystego złota, pierś jego i ramiona ze srebra, brzuch i biodra z miedzi, golenie z żelaza, stopy zaś jego częściowo z żelaza, częściowo z gliny (Daniel 2,31-33).

Czego uczą nas niniejsze wersetu na temat sytuacji na świecie w ostatnich dniach?

Posąg, który zobaczył Nabuchodonozor w swoim śnie to Unia Europejska. Dzisiaj świat jest pod kontrolą dwóch sił – Stanów Zjednoczonych i Unii Europejskiej. Oczywiście wpływy Rosji i Chin nie mogą być ignorowane. Jednak UE i USA będą najbardziej wpływowymi siłami na świecie w sferze ekonomii i armii. Obecnie UE wydaje się dość słaba, jednak urośnie w siłę. Nikt w to nie wątpi. Do tej pory USA było narodem dominującym na świecie, jednak krok po kroku UE obejmie dominację nad światem w większym stopniu niż USA.

Kilka dziesięcioleci temu nikt nie myślał, że państwa europejskie będą w stanie się zjednoczyć w jeden system rządzący. Oczywiście, kraje europejskie omawiały UE przez długi czas, jednak nikt nie był pewien, że byliby w stanie przekroczyć bariery narodowościowe, językowe, walutowe i inne, aby utworzyć wspólny organ.

Jednak na początku lat 80-tyvh przywódcy krajów Europy zaczęli poważnie omawiać sprawy związane z ekonomią. W okresie Zimnej Wojny główną potęgą na świecie była potęga zbrojna, jednak kiedy Zimna Wojna się zakończyła, główną potęgą stała się siła ekonomiczna.

Aby się na to przygotować, kraje Europy próbowały zjednoczyć się i w konsekwencji stały się wspólnotą ekonomiczną. Teraz pozostaje już tylko zjednoczenie polityczne, które połączy kraje w jednym systemie rządowym. A obecna sytuacja z pewności do tego zachęca.

„*Oto posąg bardzo wielki, o nadzwyczajnym blasku stał przed tobą, a widok jego był straszny*". Daniel prorokuje o wzroście i aktywności UE, co pokazuje jak potężna i silna będzie Unia Europejska.

Unia Europejska zdobędzie wielką siłę

W jaki sposób UE zdobędzie tak wielką siłę? Daniel 2,32 daje odpowiedź wyjaśniając, czym są głowa, piersi, ramiona, brzuch, nogi i stopy posągu.

Po pierwsze, werset 32 mówi: „*Głowa tego posągu była z czystego złota*". Oznacza to, że UE wzrośnie pod względem ekonomicznym i będzie gromadzić bogactwo. Jak przepowiedziano, UE będzie korzystać i osiągnie potęgę dzięki jedności ekonomicznej.

Następnie czytamy, że „*pierś jego i ramiona były ze srebra*". Symbolizuje to zjednoczenie społeczne, kulturalne i polityczne UE. Kiedy prezydent zostaje wybrany, aby reprezentować

UE, osiągnie jedność polityczną, społeczną i kulturową bez problemu. Jednakże w sytuacji brak pełnej jedności, każdy kraj będzie szukał własnych korzyści ekonomicznych.

Dalej czytamy, że „brzuch i biodra wykonane były z miedzi". Symbolizuje to, że UE osiągnie jedność militarną. Każdy kraj UE pragnie posiadać siłę ekonomiczną. Jedność militarna będzie fundamentalnym celem dla osiągnięcia korzyści ekonomicznych. Aby dołączyć do mocy i kontroli świata poprzez siłę ekonomiczną, nie ma wyboru, jak tylko zjednoczyć się pod względem społecznym, kulturowym, politycznym oraz militarnym.

W końcu czytamy, że „jego nogi były z żelaza", co odnosi się do innej silnej podstawy, aby wzmocnić i wspierać UE poprzez jedność religijną. Na początkowym etapie, UE ogłosi katolicyzm główną religią. Katolicyzm urośnie w siłę i stanie się mechanizmem, aby wspierać i utrzymać UE.

Duchowe znaczenie dziesięciu palców

Kiedy UE uda się połączyć kraje pod względem ekonomicznym, politycznym, społecznym, kulturowym, militarnym i religijnym, będzie afiszować się jednością oraz potęgą, jednak krok po kroku zacznie odczuwać oznaki niezgody i konfliktów.

W początkowym stadium UE, kraje UE połączą się, ponieważ będą wzajemnie dawać sobie koncesję dla wzajemnych korzyści ekonomicznych. Jednak z czasem pojawią się społeczne, kulturowe, polityczne i ideologiczne różnice oraz niezgoda. Pojawią się oznaki podziałów. W końcu, konflikt religijny wybuchnie otwarcie – konflikt między katolicyzmem i protestantyzmem.

W Dan. 2,33 czytamy: „stopy zaś jego częściowo z żelaza, częściowo z gliny", co oznacza, że niektóre palce wykonane są z żelaza, a inne z gliny. Dziesięć palców nie odnosi się do dziesięciu krajów UE, lecz do pięciu krajów reprezentujących katolicyzm oraz pięciu reprezentujących protestantyzm.

Tak, jak glina nie połączy się z żelazem, tak kraje katolickie nie połączą się z protestanckimi. Ci, którzy dominują nie połączą się z dominowanymi.

Jako znak niezgody w UE, będą uważać za konieczne, aby zjednoczyć kraje pod względem religijnym, a katolicyzm wzrośnie w siłę.

Dlatego, ze względów ekonomicznych UE zostanie uformowana w ostatnich dniach, a następnie urośnie w wielką siłę. Później UE zjednoczy się pod względem religijnym, wybierając katolicyzm, a ich zjednoczenie będzie jeszcze silniejsze, aż UE zostanie uznana za bożka.

Bożki są obiektem kultu. W tym sensie, UE poprowadzi świat w wielkiej mocy i będzie panować nad ludźmi jak potężny bożek.

Trzecia Wojna Światowa i Unia Europejska

Jak wspomniałem wcześniej, kiedy Pan przyjdzie ponownie w powietrzu w czasach końca, niezliczona ilość wierzących zostanie uniesionych w powietrze, a na ziemi powstanie ogromny chaos. W międzyczasie UE przejmie władzę i zdominuje świat w imieniu zachowania pokoju oraz porządku na krótki czas, aby później sprzeciwić się Panu i przeprowadzić siedem lat prześladowań.

Następnie, państwa członkowskie UE oddzielą się, ponieważ będą szukać własnych korzyści. Stanie się to w trakcie prześladowań. Początek wielkich prześladowań, jak przepowiada 12 rozdział Księgi Daniela, wydarzy się zgodnie z biegiem historii Izraela i historii świata.

Zaraz po rozpoczęciu prześladowań, UE zdobędzie więcej mocy i siły. Wybiorą jednego prezydenta. Wydarzy się to zaraz po tym jak ci, którzy wybrali Jezusa jako swojego Zbawiciela zostaną przemienieni oraz porwani w powietrze, aby na wieki stać się dziećmi Bożymi w czasie drugiego przyjścia Jezusa.

Większość Żydów, którzy nie przyjęli Jezusa jako Zbawiciela pozostanie na ziemi i będzie cierpieć w prześladowaniach. Rozpacz i okrucieństwo są nie do opisania. Ziemia pełna będzie okrutnych rzeczy, łącznie z wojnami, morderstwami, egzekucjami, głodami, chorobami i rozbojami gorszymi niż jakiekolwiek inne w historii ludzkości.

Sygnałem początku wielkich prześladowań dla Izraela będzie wojna, która wybuchnie między Izraelem i Środkowym Wschodem. Nadmierne napięcie trwało już od dawna między Izraelem a Środkowym Wschodem, a konflikty na granicach nigdy nie ustawały. W przyszłości niniejsze konflikty pogorszą się. Wielka wojna wybuchnie, ponieważ potęgi tego świata będą wtrącać się w konflikty związane z ropą. Będą kłócić się, aby otrzymać wyższy tytuł i bardziej skorzystać w kwestii spraw międzynarodowych.

USA, które było przez długi czas sojusznikiem Izraela będzie wspierać Izrael. UE, Chiny i Rosja, które są przeciwnikami USA zjednoczą się w Środkowym Wschodem i wybuchnie Trzecia Wojna Światowa.

Trzecia Wojna Światowa będzie zupełnie inna niż II Wojna Światowa pod względem skali. W II Wojnie Światowej zginęło ponad 50 milionów ludzi. Obecnie potęga nowoczesnej broni (łącznie z bronią nuklearną, chemiczną i biologiczną) jest nieporównywalną z bronią stosowaną podczas II Wojny Światowej, czego skutki będą niewyobrażalne.

Wszystkie rodzaje broni (łącznie z bombami nuklearnymi i innymi rodzajami nowoczesnej broni) do tej pory opracowane będą używane bez litości, przez co dojdzie do okropnych zniszczeń i zabójstw. Kraje zostaną całkowicie zniszczone i zubożeją. Jednak nie będzie to koniec wojny. Po nuklearnej eksplozji nastąpi zanieczyszczenie radioaktywne, które spowoduje poważne zmiany klimatu oraz katastrofy na całym świecie. W konsekwencji, cała ziemia stanie się piekłem na ziemi.

W końcu zaprzestaną ataków nuklearnych, ponieważ gdyby zastosowali więcej broni nuklearnej, zagroziłoby to istnieniu ludzkości. Jednak inne rodzaje broni zostaną użyte. USA, Chiny i Rosja nigdy się nie odnowią.

Większość krajów świata prawie upadnie, jednak UE uniknie szkody. UE obieca Chinom i Rosji swoje wsparcie, jednak w czasie wojny nie będzie aktywnie uczestniczyć w walkach, więc nie ucierpi równie mocno jak inne kraje.

Kiedy wiele potęg światowych jak USA ucierpi z powodu strat i utraci swoją potęgę, UE zostanie jedynym potężnym sojusznikiem i będzie rządzić światem. Początkowo UE będzie jedynie obserwować postępy wojny, a kiedy inne kraje zostaną zupełnie zniszczone pod względem ekonomicznym i militarnym, wtedy UE powstanie i rozpocznie rozwiązywać problemy związane z wojną. Inne kraje nie będą miały wyjścia, jak tylko postępować zgodnie z decyzjami UE, ponieważ nie będą miały żadnej mocy.

Od tego momentu rozpocznie się druga część wielkich prześladowań i przez następne 3,5 roku antychryst, rządzący Unią Europejską, będzie kontrolować cały świat i uzna się za świętego. Antychryst będzie nadal prześladować tych, którzy mu się sprzeciwią.

Prawdziwa natura antychrysta odsłonięta

Na początkowych etapach II Wojny Światowej kilka krajów

ucierpiało z powodu olbrzymich strat, a EU obiecała im wsparcie ekonomiczne poprzez Chiny i Rosję. Izrael stanie się ofiarą, a UE obieca, że odbuduje mu długo wyczekiwaną świątynię. Dzięki temu Izrael będzie marzył o odnowieniu chwały, z której radowali się dzięki Bożym błogosławieństwom tak dawno temu. Przez to staną się sojusznikami UE.

Ze względu na wsparcie Izraela prezydent UE zostanie uznany za wybawcę dla Żydów. Będzie się wydawało, że długotrwałe wojny na Środkowym Wschodzie skończyły się. Odnowią ziemię świętą i odbudują świątynię Boga. Będą wierzyć, że Mesjasz i ich król, na którego czekali tak długo, w końcu przyszedł oraz odnowił i uświęcił Izraela.

Jednak ich oczekiwania i radość szybko opadną. Kiedy świątynia zostanie na nowo wybudowana w Jerozolimie, wydarzy się coś nieoczekiwanego, o czym prorokuje Daniel.

Utrwali on przymierzedla wielu przez jeden tydzień. A około połowy tygodnia ustanie ofiara krwawa i ofiara z pokarmów. Na skrzydle zaś świątyni będzie ohyda ziejąca pustką i przetrwa aż do końca, do czasu ustalonego na spustoszenie (Daniel 9,27).

Wojsko jego wystąpi, by zbezcześcić świątynię- twierdzę, wstrzymają stałą ofiarę i uczynią tam ohydę ziejącą pustką (Daniel 11,31).

A od czasu, gdy zostanie zniesiona codzienna ofiara, zapanuje ohyda ziejąca pustką, upłynie tysiąc dwieście dziewięćdziesiąt dni (Daniel 12,11).

Niniejszy trzy wersety odnoszą się do jednego wydarzenia. Niniejsze wydarzenie będzie miało miejsce w czasach końca, o których mówił również Jezus.

W Mat. 24,15-16 powiedział: *„Gdy więc ujrzycie ohydę spustoszenia, o której mówi prorok Daniel, zalegającą miejsce święte – kto czyta, niech rozumie – wtedy ci, którzy będą w Judei, niech uciekają w góry!"*

Początkowo Żydzi uwierzą, że UE odbudowała ich świątynię w ziemi świętej, jednak kiedy dojdzie do spustoszenia świętego miejsca, będą zszokowani i uświadomią sobie, że ich wiara nie była właściwa. Zauważą, że odwrócili wzrok od Jezusa, Mesjasza i Zbawiciela ludzkości.

Dlatego Izrael musi się teraz obudzić. Jeśli się nie obudzi, nie uświadomi sobie prawdy we właściwym czasie. Izrael uświadomi sobie prawdę zbyt późno i nie będzie się już dało tego naprawić.

Tak więc chciałbym z całego serca, aby Izrael obudził się, aby nie popadł w pokusy antychrysta i nie przyjął znamienia bestii. Jeśli zostaniesz oszukany gładkimi i kuszącymi słowami antychrysta, obiecującego pokój i bogactwo oraz przyjmiesz znamię bestii „666", zostaniesz potępiony i pójdziesz ścieżką wiecznej śmierci.

Dopiero po ujawnieniu prawdziwej tożsamości bestii, wielu Żydów uświadomi sobie, że wierzyli w niewłaściwy sposób. Poprzez niniejszą książkę, chciałbym, abyś przyjął Mesjasza, którego wysłał Bóg i uniknął siedmiu lat wielkich prześladowań.

Dlatego, jak już wspominałem, musisz przyjąć Jezusa i posiąść wiarę właściwą w oczach Bożych. To jedyny sposób, aby uniknąć siedmioletnich wielkich prześladowań.

Jakże szkoda byłoby, gdybyś nie został uniesiony w powietrze, lecz pozostawiony na ziemi przy powtórnym przyjściu Jezusa. Jednak na szczęście mamy jedną ostatnią szansę, aby otrzymać zbawienie.

Pragnę, abyś natychmiast przyjął Jezusa, żył w jedności z braćmi i siostrami w Chrystusie. Jednak nawet teraz nie jest jeszcze za późno, aby dowiedzieć się więcej z Biblii. Ta księga pomoże ci zachować wiarę przy nadchodzących prześladowaniach i znaleźć drogę do Boga, aby zyskać zbawienie. On poprowadzi cię tą drogą.

Niekończąca się miłość Boża

Bóg wypełnił swój plan zbawienia ludzkości w Jezusie i bez względu na rasę i narodowość, każdy, kto przyjmie Jezusa jako swojego Zbawiciela i wypełnia wolę Bożą, jest dzieckiem Bożym i może cieszyć się życiem wiecznym.

Jednak co stało się z Izraelem i jego ludem? Wielu nie przyjęło Jezusa i nie otrzyma zbawienia. Jaka szkoda, że nie rozpoznali Jezusa jako Zbawiciela nawet wtedy, gdy powtórnie przyszedł w powietrzu i ocalił dzieci Boże, zabierając je w powietrze.

Co stanie się z ludem wybranym? Czy nie będą mogli wziąć udziału w marszu zbawionych? Bóg miłości przygotował niezwykły plan dla Izraela na ostatnią chwilę historii ludzkości.

Bóg nie jest jak człowiek, by kłamał, nie jak syn ludzki, by się wycofywał. Czyż On powie coś, a nie uczyni tego, lub nie wykona tego, co oznajmił? (Ks. Liczb 23,19)

Jaki jest ostateczny plan Boży dla Izraela? Bóg przygotował sposób na uzyskanie zbawienia dla ludu wybranego, aby mogli zyskać zbawienie i uświadomić sobie, że Jezus którego ukrzyżowali jest Mesjaszem, na którego oczekiwali oraz aby żałowali za swoje grzechy przed Bogiem

Zbawienie zdobyte z wielkim trudem

W czasie siedmiu lat wielkich prześladowań, niektórzy ludzie, ponieważ byli świadkami uniesienia w powietrze wielu ludzi, poznają prawdę, uwierzą i przyjmą do serca fakt, że niebo i piekło istnieją naprawdę, Bóg jest żywy, a Chrystus jest jedynym Zbawicielem. Ponadto, nie będą chcieli przyjąć znamienia bestii. Po porwaniu, zostaną przeminieni, będą czytać słowa Boga zapisane w Biblii, zgromadzą się i będą organizować nabożeństwa uwielbieniowe oraz próbować żyć zgodnie ze słowem Boga.

Na początku prześladowań będą w stanie prowadzić religijne życie oraz ewangelizować, ponieważ nie będzie jeszcze tak wielu prześladowań. Nie przyjmą znamienia bestii, ponieważ będą świadomi, że nie mogą otrzymać zbawienia, jeśli je przyjmą. Będą próbowali prowadzić życie godne zbawienia nawet w czasie wielkich prześladowań. Jednak będzie to dla nich bardzo trudne, ponieważ Duch Święty zostanie już wtedy zabrany z ziemi.

Wielu z nich przeleje wiele łez, ponieważ nie będzie nikogo, kto prowadziłby nabożeństwa oraz pomagał budować wiarę. Będą musieli zachować wiarę bez żadnej ochrony i siły od Boga. Będą się żalić, ponieważ będą żałować, że nie postępowali zgodnie z Biblią i nie przyjęli Jezusa ani nie prowadzili wierzącego życia. Będą musieli zachować wiarę pomimo prób i prześladowań na świecie, gdzie trudno będzie odnaleźć prawdziwe słowo Boże.

Niektórzy ukryją się w górach, aby nie przyjąć znamienia bestii. Będą musieli jeść korzonki i liście, zabijać zwierzęta, ponieważ nie będą w stanie niczego kupić ani sprzedać, ponieważ nie będą mieli znamienia bestii. Jednak w drugiej części wielkich prześladowań przez 3,5 roku armia antychrysta będzie ich ścigać. Bez względu na to, jak daleko się ukryją, armia znajdzie ich i zabierze.

Rząd bestii znajdzie tych, którzy nie przyjęli znamienia bestii i zmusi ich do wyparcia się Pana oraz przyjęcia znamienia poprzez okrutne prześladowania. W końcu wielu z nich podda się i nie będzie miało innego wyboru, jak tylko przyjąć znamię, z powodu bólu i okrucieństwa.

Żołnierze będą ich nago wieszać i przekłuwać ich ciała. Będą ich obdzierać ze skóry od głowy do stóp. Będą torturować ich dzieci na ich oczach. Tortury będą okrutne i trudne do zniesienia, więc ciężko będzie im umrzeć śmiercią męczeńską.

Dlatego zaledwie kilku pokona tortury dzięki sile woli, przechodząc ograniczenia ludzkiej siły i umrą jako męczennicy, aby otrzymać zbawienie i życie wieczne w niebie. Dlatego, niektórzy ludzi zostaną zbawienie dzięki zachowaniu wiary i nie zdradzeniu Pana. Poświęcą swoje życie i nie oddadzą się pod kontrolę antychrysta w czasie wielkich prześladowań. To jest właśnie zbawienie tak trudne do zdobycia.

Bóg ma wielkie tajemnice, które przygotował dla narodu

wybranego. Są to dwaj świadkowie oraz miejsce zwane Petra.

Pojawienie się oraz służba dwóch świadków

Apokalipsa 11,3 mówi: *„Dwom moim Świadkom dam władzę, a będą prorokować obleczeni w wory, przez tysiąc dwieście sześćdziesiąt dni".* Dwaj świadkowie to ludzie, których Bóg wyznaczył od początku czasów, aby uratowali Jego naród wybrany. Będą składać świadectwo Żydom w Izraelu, że Jezusem jest Mesjaszem przepowiedzianym w Starym Testamencie.

Bóg powiedział mi o dwóch świadkach. Wyjaśnił, że nie są starzy, że chodzą w sprawiedliwości i mają czyste serca. Powiedział mi o wyznaniu, jakie jeden z nich uczyni przed Bogiem. Jego wyznaniem jest to, że wierzył w Boga judaizmu, jednak usłyszał, że wielu ludzi wierzy w Jezusa jako Zbawiciela i mówi o Nim. Więc on sam modli się do Boga o pomoc w rozróżnieniu tego, co jest właściwe i prawdziwe, mówiąc:

„O, Boże!

Cóż to za troska w moim sercu?
Wierzę, że wszystko jest prawdą
To, co słyszałem od rodziców i to, co
Mówiono mi od dzieciństwa,
Więc dlaczegóż mam tyle trosk i pytań w moim sercu?

Wielu ludzi mówi o Mesjaszu.

Żeby ktoś mi pokazał jasny dowód,
Czy powinienem im wierzyć, czy też
Powinienem wierzyć, w to co mówiono mi od dzieciństwa.
Jakże będę radosny i wdzięczny.

Jednak niczego nie widzę,
I aby podążać za tym, co mówią ci ludzie,
Muszę uznać wszystko, co słyszałem w młodości
Za głupie i bez znaczenie.
Czy to właściwe w Twoich oczach?

Boże Ojcze,
Pokaż mi osobę, która wszystko rozumie.
Niech do mnie przyjdzie i mnie nauczy,
Co jest właściwe i co jest prawdą.

Kiedy patrzę na niebo,
Mam w sercu troskę.
Jeśli ktoś może rozwiązać ten problem,
Proszę przyprowadź go do mnie.

Ni potrafię zdradzić wszystkiego, w co wierzyłem,
I kiedy rozmyślam o wszystkich rzeczach,
Jeśli jest ktoś, kto może mnie nauczyć i pokazać mi,
Jeśli może pokazać mi prawdę,

Nie zdradzę tych wszystkich rzeczy,
Których się nauczyłem i które widziałem.

Dlatego, Boże Ojcze,
Proszę objaw mi to.

Daj mi zrozumienie wszystkich rzeczy.

Tak wiele rzeczy powoduje troskę.
Wierzę, że wszystko to, co słyszałem do tej pory jest prawdą.

Jednak kiedy się zastanawiam,
Mam wiele pytań i moje pragnienie nie jest zaspokojone.
Dlaczego?

Dlatego, jeśli tylko mogę ujrzeć wszystkie rzeczy
I mogę być ich pewny;
Jeśli tylko mogę by pewny, że to nie zdrada
W stosunku do tego, czego mnie nauczono,
Jeśli tylko ujrzę to, co rzeczywiście jest prawdą,
Jeśli tylko poznam wszystkie rzeczy,
O których myślałem,
Ponownie odzyskam pokój w moim sercu".

Dwaj świadkowie, którzy są Żydami, usilnie poszukują prawdy. Bóg odpowie im i wyśle swojego człowieka. Dzięki temu człowiekowi, uświadomią sobie opatrzność Bożą i przyjmą Jezusa. Pozostaną na ziemi w czasie wielkich prześladowań i wykonają służbę skruchy oraz zbawienia dla Izraela. Otrzymają szczególną moc od Boga i będą świadczyć o Jezusie Izraelowi.

Staną w pełni uświęceni przed Bogiem i będą wykonywać swoją służbę przez 42 miesiące, jak napisano w Ap. 11,2. Powodem, dla którego świadkowie pochodzą z Izraela jest to, że początek i koniec ewangelii dotyczy Izraela. Ewangelia była głoszona po całym świecie przez apostoła Pawła, a teraz kiedy ewangelia znów dotrze do Izraela, co jest jej punktem wyjścia, dzieło ewangelii zostanie zakończone.

Jezus powiedział w Dz. Ap. 1,8: *„ale gdy Duch Święty zstąpi na was, otrzymacie Jego moc i będziecie moimi świadkami w Jerozolimie i w całej Judei, i w Samarii, i aż po krańce ziemi".* Krańce ziemi odnoszą się tutaj do Izraela, który jest ostatecznym celem ewangelii.

Dwaj świadkowie będą głosić poselstwo krzyża Żydom i wyjaśnią im drogę zbawienia dzięki mocy Bożej. Będą czynić znaki i cuda dla potwierdzenia ich poselstwa. Będą mieć moc, aby zamknąć niebiosa, aby deszcz nie padał w czasie ich służby, będą mieć moc, aby zmienić wodę w krew, oraz zaatakować ziemię plagami tak często, jak zapragną.

Przez to wielu Żydów wróci do Pana, jednak tym samym inni odetną swoje sumienie i będą próbowali zabić dwóch świadków. Nie tylko ci Żydzi, ale inni źli ludzie z innych krajów będących pod kontrolą antychrysta będą nienawidzić dwóch świadków oraz będą próbowali ich zabić.

Męczeństwo oraz zmartwychwstanie dwóch świadków

Moc, którą posiadają dwaj świadkowie jest tak wielka, że nikt nie odważy się ich skrzywdzić. W końcu władze narodu spróbują ich zabić. Jednak powodem, dla którego dwaj świadkowie zostaną zgładzenie nie są władze państwa, ale ponieważ to jest wolą Bożą, aby oddali życie jako męczennicy tam, gdzie został ukrzyżowany Jezus. Zostaną też wzbudzeni z martwych.

Kiedy Jezus został ukrzyżowany, rzymscy żołnierze pilnowali Jego grobu, aby nikt nie zabrał Jego ciała. Jednak Jego ciało zniknęło, ponieważ Jezus powstał z martwych. Osoby, które uśmiercą dwóch świadków będą o tym pamiętać i będą martwić się, by ktoś nie zabrał ich ciał. Więc nie pozwolą, aby ich ciała zostały pochowane w grobie, lecz położą je na ulicy, aby ludzie widzieli, że nie żyją. Na ten widok, źli ludzie, którzy wyzbyli się sumienia z powodu głoszenia poselstwa przez dwóch świadków będą radować się ich śmiercią.

Cały świat będzie się cieszył i radował, a środki masowego przekazu będą rozpowszechniać wieść o ich śmierci całemu światu poprzez satelity przez trzy i pół dnia. Po trzech i pół dnia nastąpi zmartwychwstanie dwóch świadków. Powstaną z martwych, zostaną uniesienie do nieba tak, jak Eliasz. Ta niezwykła scena będzie nadawana na cały świat i niezliczona ilość ludzi będzie to oglądać.

Wtedy nastąpi wielkie trzęsienie ziemi i jedna dziesiąta miasta zostanie zniszczona, a siedem tysięcy ludzi zginie. Ap. 11,3-13 opisuje to wydarzenie szczegółowo:

Dwom moim Świadkom dam władzę, a będą prorokować obleczeni w wory, przez tysiąc dwieście sześćdziesiąt dni. Oni są dwoma drzewami oliwnymi i dwoma świecznikami, co stoją przed Panem ziemi. A jeśli kto chce ich skrzywdzić, ogień wychodzi z ich ust i pożera ich wrogów. Jeśliby zechciał ktokolwiek ich skrzywdzić, w ten sposób musi być zabity. Mają oni władzę zamknąć niebo, by deszcz nie zraszał dni ich prorokowania, i mają władzę nad wodami, by w krew je przemienić, i wszelką plagą uderzyć ziemię, ilekroć zechcą. A gdy dopełnią swojego świadectwa, Bestia, która wychodzi z Czeluści, wyda im wojnę, zwycięży ich i zabije. A zwłoki ich /leżeć/ będą na placu wielkiego miasta, które duchowo zwie się: Sodoma i Egipt, gdzie także ukrzyżowano ich Pana. I [wielu] spośród ludów, szczepów, języków i narodów przez trzy i pół dnia oglądają ich zwłoki, a zwłok ich nie zezwalają złożyć do grobu. Wobec nich mieszkańcy ziemi cieszą się i radują; i dary sobie nawzajem będą przesyłali, bo ci dwaj prorocy mieszkańcom ziemi zadali katuszy. A po trzech i pół dniach duch życia z Boga w nich wstąpił i stanęli na nogi. A wielki strach padł na tych, co ich oglądali. Posłyszeli oni donośny głos z nieba do nich mówiący: Wstąpcie tutaj! I w obłoku wstąpili do nieba, a ich wrogowie ich zobaczyli. W owej godzinie nastąpiło wielkie trzęsienie ziemi i runęła dziesiąta część miasta, i skutkiem trzęsienia ziemi zginęło siedem tysięcy osób. A pozostali ulegli przerażeniu i oddali chwałę Bogu nieba (Ap. 11,3-13).

Bez względu na to, jak będą uparci, jeśli mają choć odrobinę dobra w sercu uświadomią sobie, że wielkie trzęsienie ziemi, zmartwychwstanie oraz uniesienie do nieba dwóch świadków to dzieło Boże i oddadzą chwałę Bogu. Uświadomią sobie fakt, że Jezus powstał z martwych dzięki mocy Boga około 2000 temu. Bez względu na okoliczności, niektórzy ludzie jednakże nie oddadzą chwały Bogu.

Zachęcam was do przyjęcia miłości Bożej. Bóg pragnie do samego końca ocalić cię i pragnie, abyś słuchał Jego świadków. Dwaj świadkowie będą składać świadectwo z wielką mocą Bożą oraz potwierdzać to, że przybyli od Boga. Obudzą wielu ludzi i powiedzą im o Bożej miłości oraz Bożej woli dla nich. Poprowadzą cię, abyś skorzystał z ostatniej możliwości zbawienia.

Z całego serca proszę cię, abyś nie stał po stronie wroga, który należy do diabła, prowadzącego ludzi ścieżką zniszczenie, lecz abyś posłuchał dwóch świadków i otrzymał zbawienie.

Petra, schronienie dla Żydów

Kolejnym sekretem, który Bóg zaplanował dla swojego ludu wybranego jest Petra, schronienie dla Żydów w czasach wielkiego ucisku. W Izajaszu 16,1-4 czytamy o miejscu zwanym Petra.

> *Poślijcie baranka dla władcy krainy, drogą przez pustynię do góry Córy Syjonu! Jak ptak odlatujący gniazdo z piskląt wybrane, tak będą córki moabskie w przeprawie przez Arnon. Udziel nam rady, podaj wskazówkę, jak w nocy połóż twój cień w samo południe. Ukryj wygnańców, nie zdradź tułaczy! Niech znajdą gościnę u ciebie rozbitki Moabu. Bądź im ucieczką przed pustoszycielem! Ponieważ zniknął gnębiciel, skończył się gwałt, ciemięzcy zginęli z kraju.*

Ziemia Moabu wskazuje na ziemię Jordanu po wschodniej stronie Izraela. Petra jest miejscem archeologicznym w południowo-zachodniej Jordanii i leży u zbocza Góry Hor w kotlinie między górami, które stanowią wschodnią część doliny Arabah (Wadi Araba), dużej doliny ciągnącej się od Morza Martwego do Zatoki Akaba. Petra określana jest również mianem „Sela", co oznacza skała, a Biblia odnosi się do niej w 2 Król. 14,7 oraz Iz. 16,1.

Po tym, jak Pan ponownie przyjdzie na obłokach, przyjmie zbawionych i będzie radował się siedmioletnim weselem. Następnie zejdzie z nimi na ziemię i będzie panował nad światem przez tysiąc lat. Przez siedem lat od powtórnego przyjścia Jezusa na obłokach poprzez porwanie wiernych aż do Jego zejścia na ziemię, wielki ucisk będzie miał miejsce na ziemi i przez 3.5 roku w czasie drugiej połowy wielkiego ucisku – przez 1260 dni, lud izraelski będzie ukrywać się w miejscu specjalnie przygotowanym przez Boga. Tym miejscem jest Petra (Ap. 12,6-14).

Dlaczego Żydzi potrzebują schronienia?

Po tym jak Bóg wybrał lud Izraela, Izraelici byli atakowani i prześladowani przez wiele narodów pogańskich. Powodem jest to, że diabeł zawsze sprzeciwiał się Bogu i próbował utrudniać Izraelowi w otrzymaniu błogosławieństw od Boga. Tak samo będzie w czasach końca.

Kiedy Żydzi uświadomią sobie dzięki wielkiemu uciskowi trwającemu siedem lat, że ich Mesjasz i Zbawiciel to Jezus, który przyszedł na ziemię 2000 lat temu oraz spróbują okazać skruchę, diabeł będzie ich prześladował, aby przeszkodzić im w wierze.

Bóg, który wie wszystko, przygotował dla nich miejsce schronienia, przez co okaże im miłość. Zgodnie z miłością oraz planem Boga, Izrael wejdzie do Petry, aby uciec przed zniszczeniem.

Tak, jak Jezus powiedział w Mat. 24,16: *„wtedy ci, którzy będą w Judei, niech uciekają w góry!"*, Żydzi będą w stanie uciec przez uciskiem do miejsca schronienia w górach i zachować wiarę oraz osiągnąć zbawienie.

Kiedy anioł śmierci zabił wszystkich pierworodnych w Egipcie, Żydzi skontaktowali się ze sobą w tajemnicy i uniknęli plagi poprzez pomazanie odrzwi krwią baranka.

Tak samo, Żydzi skontaktują się ze sobą szybko i poinformują się, gdzie powinni się udać i schronić zanim rząd antychrysta zacznie ich aresztować. Dowiedzą się o mieście Petra, ponieważ wielu ewangelistów głosiło o tym miejscu, i nawet ci, którzy nie wierzyli, zmienią zdanie i będą szukać ucieczki.

Niniejsze schronienie nie będzie w stanie pomieścić zbyt wielu ludzi. W zasadzie, wielu ludzi, którzy skruszą się dzięki świadczeniu dwóch świadków nie zdoła ukryć się w Petrze, lecz zachowają swojej wiary w czasie wielkiego ucisku i umrą jako męczennicy.

Miłość Boża ukazana dzięki dwóm świadkom oraz Petrze

Drodzy bracia i siostry, czy utraciliście szansę zbawienia poprzez porwanie w powietrze? Nie wahajcie się, aby udać się do Petry – waszej ostatniej szansy na zbawienie dzięki łasce Boga. Wkrótce nastąpią okropne katastrofy z powodu antychrysta. Musicie się ukryć w Petrze zanim drzwi łaski zamkną się z powodu działań antychrysta.

Nie udało wam się wejść do Petry? W takim razie jedynym

sposobem, aby osiągnąć zbawienie i wejść do nieba jest to, aby nie wyprzeć się Pana i nie przyjąć znamienia bestii „666". Musicie pokonać tortury i umrzeć śmiercią męczeńską. Nie jest to proste, lecz musicie to zrobić, jeśli chcecie uniknąć wiecznych cierpień w jeziorze ognistym.

Pragnę z całego serca, abyście zawrócili na drogę zbawienia i pamiętali o nieprzemijającej miłości Boga – wtedy z odwagą zwyciężycie wszystko. Kiedy będziecie walczyć z pokusami i prześladowaniami antychrysta, my, bracia i siostry w wierze będziemy modlić się o zwycięstwo.

Największym moim pragnieniem jest jednak to, abyście przyjęli Jezusa zanim to wszystko się wydarzy i zostali uniesieni w powietrze, aby wziąć udział w przyjęciu Baranka, kiedy powróci na tę ziemię. Modlimy się bez ustanku ze łzami miłości, aby Bóg pamiętał czyny wiary waszych ojców oraz o przymierzu, które złożył z nimi i dał wam pokój zbawienia.

W swojej wielkiej miłości Bóg przygotował dwóch świadków oraz Petrę, abyście mogli przyjąć Jezusa jako Mesjasza i Zbawiciela oraz osiągnąć zbawienie. Aż do ostatniej chwili historii ludzkości zachęcam was, abyście pamiętali o nieustannej miłości Boga, który nigdy was nie porzuci.

Zanim wyśle dwóch świadków, aby przygotować was na nadchodzący wielki ucisk, Bóg miłości ześle człowieka Bożego i pozwoli mu powiedzieć wam, co wydarzy się przy końcu czasów oraz poprowadzi ścieżką zbawienia. Bóg nie chce, aby choć jedna osoba musiała cierpieć wielki ucisk. Nawet jeśli pozostaniesz na ziemi po porwani wiernych w powietrze, Bóg pragnie, abyś skorzystał z ostatniej szansy i zyskał zbawienie. To jest właśnie wielka miłość Boża.

Nie dużo czasu zostało do rozpoczęcie wielkiego ucisku. Podczas tych olbrzymich prześladowań – najgorszych w całej historii ludzkości – nasz Bóg wypełni swój plan miłości wobec Izraela. Historia ludzkości zakończy się, kiedy zakończy się historia Izraela.

Przypuśćmy, że Żydzi zrozumieliby prawdziwą wolę Bożą i przyjęli Jezusa jako Zbawiciela od razu. Wtedy, nawet jeśli historia Izraela zapisana w Biblii powinna być poprawiona i ponownie napisana, Bóg chętnie by to uczynił, ponieważ Jego miłość do narodu izraelskiego jest niewyobrażalna.

Jednak wielu Żydów kroczyło, kroczy i będzie kroczyć swoją drogą aż do krytycznego momentu. Bóg wszechmogący, który wie wszystko, co stanie się w przyszłości zaplanował ostatnią szansę zbawienia i poprowadzi cie w swojej nieustającej miłości.

Oto Ja poślę wam proroka Eliasza przed nadejściem dnia Pańskiego, dnia wielkiego i strasznego. I skłoni serce ojców ku synom, a serce synów ku ich ojcom, abym nie przyszedł i nie poraził ziemi [izraelskiej] przekleństwem (Mal. 3,23-24).

Dziękuję Bogu oraz oddaję Mu chwałę, że w swojej niekończącej się miłości prowadzi ścieżką zbawienia nie tylko naród izraelski – swój naród wybrany, ale wszystkich ludzi ze wszystkich narodów.

Autor:
Dr Jaerock Lee

Dr Jerock Lee urodził się w 1943 roku w Muan, w prowincji Jeonnam, w Republice Korei. Kiedy skończył 20 lat cierpiał z powodu wielu różnych nieuleczalnych chorób przez siedem lat i czekał na śmierć zupełnie pozbawiony nadziei na wyzdrowienia. Pewnego dnia, wiosną 1974 roku, jego siostra przyprowadziła go do kościoła, i kiedy uklęknął, aby się pomodlić, Żywy Bóg natychmiast uzdrowił go ze wszystkich chorób.

Dzięki temu doświadczeniu, Dr Lee poznał prawdziwego żyjącego Boga, pokochał Go całym swoim sercem i w 1978 został powołany na sługę Bożego. Gorliwie modlił się o jasne i pełne zrozumienie woli Bożej, zrealizowanie Jego misji oraz posłuszeństwo wszystkim słowom Boga. W 1982 roku założył Centralny Kościół Manmin w Seulu w Korei, gdzie miały miejsce niezliczone dzieła Boże, łącznie z uzdrowieniami i cudami.

W 1986 roku Dr Lee został ordynowany na pastora podczas dorocznego zjazdu Kościoła Koreańskiego i cztery lata później, w 1990 roku, rozpoczęto emisję jego kazań w Australii, Rosji, na Filipinach i w wielu innych miejscach przez firmę Far East Broadcasting Company, Asia Broadcast Station oraz chrześcijańskie radio Washington Christian Radio System.

Trzy lata później w 1993 roku, Centralny Kościół Manmin został wybrany jako jeden z najbardziej popularnych kościołów na świecie przez amerykański magazyn chrześcijański „Christian World", a pastor Lee otrzymał tytuł doktora honorowego *Honorary Doctorate of Divinity* od chrześcijańskiego college'u na Florydzie w Stanach Zjednoczonych. W 1996 roku otrzymał również tytuł doktora od teologicznego seminarium Kingsway w Iowa, w Stanach Zjednoczonych.

Od 1993 Dr Lee zaczął prowadzić światową misję w Tanzanii, Argentynie, Los Angeles, Baltimore, Hawajach i w Nowym Jorku w Stanach Zjednoczonych, Ugandzie, Japonii, Pakistanie, Kenii, na Filipinach, w Hondurasie, Indiach, Rosji, Niemczech, Peru, Demokratycznej Republice Kongo, Izraelu i Estonia. Informacja o jego misji w Ugandzie została wyemitowana w CNN, natomiast izraelskie ICC informowało o misji kościoła w Jerozolimie. Na antenie wygłosił komentarz, że Jezus Chrystus jest Mesjaszem. W 2002 roku został nazwany „pastorem światowym" przez największą chrześcijańską gazetę w Korei ze względu na jego prace misyjne na całym świecie.

We październik 2013 Centralny Kościół Manmin miał już ponad 120,000 członków. Na całym świecie jest 10,000 kościołów, włączając w to 54 kościoły w wielkim miastach samej Korei. Na ten moment 129 ośrodki misyjne zostały założone w 23 krajach, takich jak na przykład Stany Zjednoczone, Rosja, Niemcy, Kanadam Japonia, Chiny, Francja, Indie, Kenia i wiele innych.

Dr Lee napisał już 88 książek. Wiele z nich stało się bestsellerami: *Poczuć Życie Wieczne przed Śmiercią, Moje Życie, Moja Wiara I & II, Przesłanie Krzyża, Miara Wiary, Niebo I & II, Piekło,* oraz *Moc Boża*. Jego książki zostały pretłumaczone na ponad 76 języki.

Jego artykuły publikowane są w: *The Hankook Ilbo, The JoongAng Daily, The Dong-A Ilbo, The Chosun Ilbo, The Munhwa Ilbo, The Seoul Shinmun, The Kyunghyang Shinmun, The Korea Economic Daily, The Korea Herald, The Shisa News,* oraz *The Christian Press*.

Dr Lee jest obecnie przewodniczącym wielu organizacji misyjnych oraz stowarzyszeń takich jak na przykład: Chairman, The United Holiness Church of Jesus Christ; President, Manmin World Mission; Permanent President, The World Christianity Revival Mission Association; Founder & Board Chairman, Global Christian Network (GCN); Founder & Board Chairman, World Christian Doctors Network (WCDN); and Founder & Board Chairman, Manmin International Seminary (MIS).

Inne książki autora

Niebo I & II

Szczegółowy opis wspaniałego życia, które jest udziałem mieszkańców nieba, cieszących się pięknem królestwa niebieskiego.

Przesłanie Krzyża

Potężne przesłanie pobudzające do myślenia dla ludzi, którzy są w duchowym śnie! W niniejszej książce znajdziesz powód, dla którego tylko Jezus jest Zbawicielem oraz odczujesz prawdziwą miłość Bożą.

Piekło

Przesłanie dla człowieka od Boga, który pragnie wyratować każdą duszę z głębi piekła! W tej książce odkryjesz nigdy wcześniej nie opisywaną okrutną rzeczywistość piekła.

Duch, Dusza i Ciało I & II

Przewodnik, który daje duchowe zrozumienie ducha, duszy i ciała oraz pomaga dowiedzieć się więcej o naszym „ja", abyśmy zyskali dość siły, by pokonać ciemność i stać się ludźmi ducha.

Miara Wiary

Jakie schronienie, korona i nagrody czekają na Ciebie w niebie? Niniejsza książka da Ci możliwość, abyś z mądrością i wskazówkami Bożymi sprawdził swoją wiarę, aby następnie zbudować wiarę lepszą i dojrzalszą.

Wzbudzony Izrael

Dlaczego Bóg trzyma pieczę nad Izraelem od początku świata aż do dnia dzisiejszego? Jakie przeznaczenie jest przygotowane dla Izraela w ostatnich dniach oczekiwania na Mesjasza?

Moje Życie, Moja Wiara I & II

Niezwykły aromat życia duchowego wydobyty dzięki osobie, której życie rozkwitło w otoczeniu nieograniczonej miłości do Boga, pomimo ciążącego jarzma, ciemności i rozpaczy.

Moc Boża

Książka, którą musisz przeczytać, ponieważ dostarcza istotnych wskazówek, dzięki którym można posiąść prawdziwą wiarę oraz doświadczyć niesamowitej mocy Boga.

www.urimbooks.com

www.ingramcontent.com/pod-product-compliance
Lightning Source LLC
LaVergne TN
LVHW041812060526
838201LV00046B/1228